| 光明社科文库 |

武术国际传播方略研究

邱　辉　孟昭雯◎著

光明日报出版社

图书在版编目（CIP）数据

武术国际传播方略研究 / 邱辉，孟昭雯著. --北京：光明日报出版社，2023.5
 ISBN 978-7-5194-7256-6

Ⅰ.①武… Ⅱ.①邱… ②孟… Ⅲ.①武术—传播学—研究—中国 Ⅳ.①G852-05

中国国家版本馆 CIP 数据核字（2023）第 089029 号

武术国际传播方略研究
WUSHU GUOJI CHUANBO FANGLÜE YANJIU

著　　　者：邱　辉　孟昭雯	
责任编辑：李　倩	责任校对：李壬杰　李佳莹
封面设计：中联华文	责任印制：曹　净

出版发行：光明日报出版社
地　　址：北京市西城区永安路 106 号，100050
电　　话：010-63169890（咨询），010-63131930（邮购）
传　　真：010-63131930
网　　址：http://book.gmw.cn
E - mail：gmrbcbs@gmw.cn
法律顾问：北京市兰台律师事务所龚柳方律师
印　　刷：三河市华东印刷有限公司
装　　订：三河市华东印刷有限公司
本书如有破损、缺页、装订错误，请与本社联系调换，电话：010-63131930

开　　本：170mm×240mm	
字　　数：150 千字	印　　张：11.5
版　　次：2024 年 3 月第 1 版	印　　次：2024 年 3 月第 1 次印刷
书　　号：ISBN 978-7-5194-7256-6	
定　　价：85.00 元	

版权所有　　翻印必究

前　言

武术是"一带一路"倡议下的人文交流项目，武术国际传播效果的好坏直接关系到"一带一路"倡议的落实。本书运用文献资料法、案例分析法和口述历史法，对武术国际传播进行研究。新中国成立以来，因个人、民间、政府对武术的国际传播认识不同，不同的历史背景下我国武术发展需要不同，从武术呈现出整理挖掘"站起来"到竞技武术"走出去"，再到武术如何在国外留下来"住进去"等几个重要历史转折时期。站在历史交汇点上，思考武术如何在国际上生根发芽并茁壮成长，是当前武术国际传播战略亟待解决的问题。

自新中国建立以来，我国武术国际传播经历了三个时期：以民间交流为主的改革开放前的武术国际传播探索期（1949—1976年）、竞技武术走向世界的改革开放后的武术国际传播的发展期（1977—2012年）、传统与竞技交融的走向新时代的武术国际传播交流期（2013年至今）。

基于武术传播理论、武术国际传播的基本要素，构建武术国际传播"5W+双向"理论模型。武术国际传播中，有5个最基本要素：武术国际传播者、武术国际传播内容、武术国际传播路径、武术国际传播受众和武术国际传播效果。其中武术国际传播效果还受国际传播环境和武术国际传播反馈机制的影响。反馈机制、传播环境和5个基本要素之间存在互动关系，任何一个因素发生变化，都会引起其他因素的变化。通过对武术国际传播的7个维度研究，发现武术国际传播面临7大困境：传播者水平参差不齐、传播内容五花八门、传播路径窄化、传播受众反应不同、传播效果大相径庭、反馈机制不顺畅、传播环境复杂多变。

基于破坏性创新理论，重新审视武术国际传播策略，提出新时代武术国际传播策略：明确战略定位、确定战略目标，从传播者、传播内容、传播路径、传播受众、传播效果、传播反馈机制和传播环境7个方面重视战略内容，重点包装太极拳和少林拳两个拳种。因地制宜、分门别类地运用实施方法和实现路径，重点通过民间交流、官方交流、个人交流、新兴媒体和复合型5个路径实现武术国际传播目标，增强我国武术国际传播的效果。在不同的国家和地区，根据武术传播现状、当地与中国文化交流环境，以及武术国际传播产品的性能、武术国际传播的时间和武术新的顾客和新的消费环境，选择高端性破坏性创新战略、低端性破坏性创新战略，新市场创新战略，抑或两种战略相结合，使武术真正"住进去"，与当地文化融为一体。

目 录
CONTENTS

第一章 绪 论 …………………………………………… 1

一、问题的提出 …………………………………………… 1

二、研究目的与意义 ……………………………………… 3

三、文献综述 ……………………………………………… 4

四、研究对象与方法 ……………………………………… 15

五、研究思路与价值 ……………………………………… 23

六、创新之处 ……………………………………………… 25

第二章 新中国成立以来武术国际传播的历史变迁 …………… 26

一、改革开放前的武术国际传播探索期（1949—1976 年）：
　　民间传统武术交流 …………………………………… 26

二、改革开放后武术国际传播的发展期（1977—2012 年）：
　　竞技武术走向世界 …………………………………… 30

三、走向新时代的武术国际传播交流期（2013年至今）：
　　　　传统与竞技的交融 …………………………………… 41
　　四、小结 ……………………………………………………… 42

第三章　武术国际传播理论 …………………………………… 44
　　一、国际传播理论 …………………………………………… 44
　　二、武术国际传播的基本要素 ……………………………… 49
　　三、武术国际传播理论模型 ………………………………… 57
　　四、武术国际传播的构成维度 ……………………………… 61
　　五、小结 ……………………………………………………… 65

第四章　新中国成立以来武术国际传播现状及问题 ………… 66
　　一、基于理论模型的现状分析 ……………………………… 66
　　二、典型案例：以东盟10国为例 …………………………… 100

第五章　新时代武术国际传播方略 …………………………… 116
　　一、理论基础：破坏性创新理论 …………………………… 116
　　二、新时代武术国际传播创新方略 ………………………… 121
　　三、小结 ……………………………………………………… 154

第六章　结论与建议 …………………………………………… 156
　　一、结论 ……………………………………………………… 156
　　二、建议 ……………………………………………………… 157

  三、研究不足 …………………………………… 158

附　录 …………………………………………… **159**
  附录1　武术传播者口述史提纲 ………………… 159
  附录2　武术管理者口述史提纲 ………………… 161
  附录3　研究者口述史提纲 ……………………… 163
  附录4　旁观者口述史提纲 ……………………… 164
  附录5　国外教练、运动员访谈提纲 …………… 165

参考文献 ………………………………………… **166**

致　谢 …………………………………………… **172**

第一章

绪　论

一、问题的提出

近年来，国家文化软实力在国际大舞台上竞争日益激烈，所依托的正是当今时代发展的主旋律——全球化。2013年9月和2013年10月，中国国家主席习近平在出访中亚和东南亚国家期间，先后提出共建"丝绸之路经济带"和"21世纪海上丝绸之路"（以下简称"一带一路"）的重大倡议，受到国际社会高度关注。李克强参加2013年中国—东盟博览会时强调，铺就面向东盟的"海上丝绸之路"，打造带动腹地发展的战略支点。加快"一带一路"建设，有利于促进沿线各国经济繁荣与区域经济合作，也有助于加强不同文明交流互鉴，促进世界和平发展，是一项造福世界各国人民的伟大事业。[①]"一带一路"东边连接亚太经济圈，西边进入欧洲经济圈，是我国打造人类命运共同体的重要组成部分。秉持共商共建共享原

---

① 杨祥全. 根基乍立：新中国武术史之一[J]. 少林与太极（中州体育），2012（3）：1-7.

则，坚持开放、绿色、廉洁理念，努力实现高标准、可持续、惠民生目标，体现着我国崇和向善的战略文化。它将充分依靠中国与有关国家既有的双多边机制，借助既有的、行之有效的区域合作平台发展建设。2015年3月，中国发布《推动共建丝绸之路经济带和21世纪海上丝绸之路的愿景与行动》，2017年5月，首届"一带一路"国际合作高峰论坛在北京成功召开。近年来，共建"一带一路"的倡议得到了越来越多国家和国际组织的积极响应，受到了国际社会的广泛关注，影响力日益扩大。

从国内看，武术传播在国家政策引导和民间武术家们的推动下蓬勃发展；从国际上看，武术是"一带一路"倡议人文交流的重要载体。中国武术经过多年的发展已经壮大，在"一带一路"建设中有广阔发展前景。武术国际传播的文化障碍、语言障碍、媒体包装、经验不足等是影响中华武术在世界范围内传播和发展的重要问题，而在"一带一路"背景下，关于武术对外传播策略的研究就成了国内外学者研究的焦点，国家重视、人民期待。在文化强国战略、体育强国战略以及国家"走出去"战略下，中华优秀传统文化需要走出国门，为中国和平崛起贡献力量，武术是"一带一路"共建国家了解中国的"窗口"，是中国文化展示自身特色的绝佳途径。

武术国际传播是中国文化"走出去"的重要载体。[①] 目前我国武术传播的相关研究颇丰，但对武术国际化传播方略研究不足，尤其是对"一带一路"共建国家武术国际传播方略研究较少。本书系

---

① 孟涛，唐磊. 武术国际传播的三重形式及其发展路径［J］. 对外传播，2021（1）：33-35.

统梳理了武术国际传播方略，并就武术对于"一带一路"共建国家的传播战略进行研究，具有重要的社会价值和学术价值。当前我国拟构建"一带一路"共建国家武术国际传播战略模型，针对不同区域"一带一路"共建国家提出不同的武术国际传播战略和模式，为我国武术"走出去"提供建设性建议，加快我国体育强国建设进程。

二、研究目的与意义

（一）研究目的

武术是我国优秀的传统文化之一，武术传播在国家政策引导和民间武术家们的推动下蓬勃发展。武术是人文交流的重要载体，在"一带一路"共建国家具有广阔发展空间。

武术国际传播效果的好坏关系到我国人文交流的效果，因此以"一带一路"倡议为背景、以武术国际传播为抓手、以武术国际传播战略为落脚点，解决我国武术"走出去""留下来""住进去"的现实困境。综上所述，本研究的具体研究目的有以下三点：

第一，在传统传播理论的基础上，构建"5W+双向"武术国际传播模型。

第二，梳理自新中国成立以来我国武术国际传播的历史变迁及其特征，了解武术国际传播战略的现状及存在的问题。

第三，基于破坏性创新理论，提出新时代武术国际传播方略。

（二）研究意义

1. 理论意义

理论来源实践，又高于实践。武术国际传播战略理论基于武术国际传播的实践，基于前人研究，构建"5W+双向"武术国际传播理论模型，是武术国际传播的理论创新，拓宽了研究的理论高度，对武术国际传播的高质量发展具有重要的理论意义。

2. 实践意义

武术国际传播备受国家重视，但是传播受到多方面因素的影响，尤其受到国内、国际环境以及武术国际传播利益相关者影响。本书通过实证研究发现武术国际传播的困境，为战略提出提供实践依据。武术国际传播在"一带一路"倡议下，面临一定的挑战和机遇，克服困难，紧抓机遇，从武术国际传播的利益相关者着手，基于破坏性创新理论，提出具体可行的武术国际传播战略，对提高武术国际传播效果具有重要的实践意义。

三、文献综述

（一）国内外武术国际传播研究

国内外武术国际化传播的研究，主要集中在9个方面：

1. 武术国际传播文献综述研究

朱广收等、虞定海等、王美玲等、宋兰兰等分别对武术的国际传播进行了文献综述的阐述。朱广收等认为目前武术国际化传播研究主要集中在武术国际化研究现状、武术国际化理论框架构建、武术国际化方式选择、武术国际化过程中存在的问题和对策以及亚洲其他武技国际化对中国武术国际化的启示等方面,[①] 虞定海等提出了现有研究中发现的武术国际化存在的问题,[②] 王美玲等提出推动武术国际形象的构筑及传播机制等现实课题,[③] 宋兰兰等对武术国际化传播历程、传播价值、受众分析、存在的问题以及未来武术国际化发展方向等进行分析,他们认为太极拳国际传播的个案研究存在区域不平衡、重复性研究多、基础理论单薄、交叉学科研究不足以及反馈系统的缺失等问题。[④] 以上综述性研究,发现了武术国际化传播中存在的种种问题,并提出了相应的对策和建议,但是对武术国际化传播的战略研究不足,需要加强。

2. 传播历史研究

张桂铭、史友宽分别对中国武术的国际传播史进行研究。张桂铭认为中国武术传播经历了初步发展、转型和迅速发展时期三个阶段,并提出了发展特点;[⑤] 史友宽对近400年体育文化国际传播的时代进行辨析,认为成功的体育文化国际传播都是主动调适自己以适应外部环境的结果,建议树立多元共享的国际传播理念,不同运动项目的国际传播策略应该有所不同,不同传播主体责任不同,在文

[①] 朱广收,朱东,周广瑞,等. 武术国际化研究综述 [J]. 搏击(武术科学), 2010, 7 (2): 15-16, 22.

[②] 虞定海,郭玉成,李守培. 武术国际传播研究综述 [J]. 体育文化导刊, 2011 (2): 82-85.

[③] 王美玲,程小坡,陈麦池,等. 武术跨文化传播研究综述 [J]. 体育研究与教育, 2013, 28 (2): 74-77.

[④] 宋兰兰,陈永远,刘浩,等. 中国武术国际化传播研究综述 [J]. 运动, 2018 (13): 141-142.

[⑤] 张桂铭. 中国武术国际传播史研究 [D]. 济南:山东师范大学, 2005.

化圈层上的路径选择也各有不同。① "读史可以使人明智，鉴以往可以知未来"，了解武术的发展历史，可以预测武术国际传播的未来发展趋势。

3. 个案研究

武术的国际化传播与每个国家的国情密不可分，需要具体情况具体分析。国内以某一个国家和地区武术的国际传播情况为个案进行研究，如孙作顺从传播者、传播内容、传播方式、传播对象和传播效果五个方面分析卑尔根孔子学院的武术发展。② 孟涛和蔡仲林提出中华武术在美国传播历程经历了四个阶段，并强调要依赖官方武术组织、民间武术馆校和影视媒介、舞台武术表演等传播路径进行传播，现已基本形成武术在美传播的立体网络。③ 李晓菲通过对孔子学院、夏威夷武术文化中心以及当地武术学校和社团的研究，指出传播者是夏威夷大学孔子学院、武术俱乐部等机构、武术专业志愿者、华人武术爱好者、武术水平比较高的居民，传播内容包括文化内容和技术内容。④ 刘艳芹研究了"一带一路"背景下徐州武术"走出去"战略，建议从国家、徐州政府、市场、企业和学校5个方面

---

① 史友宽. 体育文化国际传播的实践考察与理念探索 [D]. 开封：河南大学，2013.
② 孙作顺. 卑尔根孔子学院武术课程现状及国际传播研究 [D]. 北京：北京体育大学，2013.
③ 孟涛, 蔡仲林. 传播历程与文化线索：中华武术在美国传播的历史探骊 [J]. 体育科学，2013，33（10）：78-88.
④ 李晓菲. 中国武术在夏威夷瓦胡岛的传播研究 [D]. 北京：北京体育大学，2016.

推动武术发展。① 张园园从孔子学院武术传播者、武术传播对象、武术传播渠道、武术传播受众、武术传播效果5个方面对欧洲孔子学院的武术传播现状进行了系统的研究和分析。② 王果团、史友宽、柳杨认为,实现武术套路在俄罗斯成功传播,要满足两个条件,一是社会整体趋于稳定,二是武术套路能够有效帮助本土社会和个人实现自我提升与发展。③ 史龙龙、孟涛、张长念提出,影响武术在秘鲁传播的主要因素包括政府重视程度不够、投入资金匮乏、武术专业机构作用发挥尚待整合以及缺乏专业的武术师资等。④ 研究成果比较丰富,内容比较广泛,但个案研究的局限性比较强,较少对当地文化和中国武术文化的契合进行研究。

4. 传播路径研究

张艳华提出了武术英译标准化体系的结构框架,武术拳种英译标准体系表是中英文名称的双语体系表。⑤ 陈小利发现陈氏太极拳国外传播与发展的特点。⑥ 杨毅华认为国际社会对武术文化的误解、武术对外传播媒介的传播力弱及受众、传播者、传播内容等因素造成

---

① 刘艳芹. "一带一路"背景下徐州武术"走出去"战略研究[J]. 中华武术(研究), 2016, 5(6): 28-32.
② 张园园. 欧洲孔子学院武术的传播现状及策略研究[D]. 北京: 北京体育大学, 2017.
③ 王果团, 史友宽, 柳杨. "维模原理"下武术套路在俄罗斯的传播研究: 以克拉斯诺亚尔斯克边疆地区为例[J]. 山东体育科技, 2021, 43(1): 43-47.
④ 史龙龙, 孟涛, 张长念. 中国武术在秘鲁传播的现状解读与PEST分析[J]. 武术研究, 2021, 6(7): 9-13.
⑤ 张艳华. 武术英译标准化体系的构建研究[D]. 武汉: 武汉体育学院, 2015.
⑥ 陈小利. 陈氏太极拳国外传播与发展研究[D]. 开封: 河南大学, 2015.

了全媒体语境下武术对外传播难题。① 石牙牙认为新媒体如电视赛事转播等为"一带一路"背景下的武术国际传播提供了较为成熟的传播路径，武术文化与共建国家文化的交流与合作是武术国际传播路径的突破口，用中国武术的"身体形式"表达"中国故事"。② 以上武术国际传播的路径研究有语言翻译体系、陈氏太极拳的发展特点和全媒体语境下武术国际传播的特征、问题，并提出相应的对策等。但是武术内容繁多、种类不同，不同国家的语境不同、文化价值体系不同，传播路径的差异性研究也就有待深入。

5. 人才队伍研究

无论是传统武术教学模式还是现代武术教学模式，武术教学主体往往发挥着举足轻重的作用，中国传统武术走向国际，对武术传播人才的研究是不可忽视的。王林指出，武术国际传播的传播者缺少引领，不同的武术传播主体在武术传播过程中承担着不同的角色，武术管理和开展的难度大。③ 张长念、孟涛分析了我国两所综合性大学和两所专业性体育院校这4所高校关于武术国际传播人才培养的现状及困境，提出了武术的国际推广与武术国际传播人才的培养应相辅相成。④ 陶萍、朱珊珊、吴晓龙创见性地提出武术国际传播者培

---

① 杨毅华. 全媒体语境下武术对外传播研究[D]. 大连：大连理工大学，2017.
② 石牙牙. "一带一路"背景下武术国际传播路径研究[D]. 长春：吉林体育学院，2018.
③ 王林. 武术国际化传播的传者研究[J]. 武汉体育学院学报，2007，41（8）：32-36.
④ 张长念，孟涛. 对我国高校关于武术国际传播人才培养的探析[J]. 首都体育学院学报，2021，33（4）：456-464.

养体系的构建，为中国培养武术国际传播人才提供启示。[①]

黄慧认为我国文化品牌的国际传播缺乏"经纪人"角色，缺乏真正高素质、高技能的经纪人才助力于文化产业的发展。[②] 国际传播中映现从业积极性低迷、行业秩序混乱、素养与技能弱质等问题。自古以来，人才兴邦，武术的国际化发展更加离不开高素质的复合型人才，需要加强人才培养，缩短培养周期。

综上所述，国内研究普遍认为武术传播者在传播过程中发挥着主体作用，但只有少数学者提及武术传播人才培养体系构建的具体措施。由此可以看出国内对于以武术传播主体为视角的武术国际传播研究尚处于探索阶段，策略研究严重不足。

6. 战略和模式研究

在中国知网以武术传播为主题检索到的核心期刊里，最早刊载的可以追溯到 2002 年，文献主题就是关于武术传播基本模式的构建。郭玉成、邱丕相创新性地提出了武术传播学并指出，用模式方法分析问题，可以使问题简化，便于较好地解决问题，同样武术国际传播离不开传播过程模式中的五个基本要素，且武术国际传播过程中会受到相关变量的影响。[③] 朴一哲、杜舒书指出以传播中国文化

[①] 陶萍，朱珊珊，吴晓龙. 跨文化传播视角下武术国际传播者培养体系构建研究[J]. 沈阳体育学院学报，2021（1）：125-131.

[②] 黄慧. 我国文化品牌国际传播中的"经纪人"研究[D]. 长沙：湖南大学，2017.

[③] 郭玉成，邱丕相. 武术国际传播基本模式的构建[J]. 上海体育学院学报，2002，26（4）：23-26.

为己任的孔子学院是推广、弘扬武术文化的可行模式。① 持有此种观点的学者还有揭光泽、付爱丽，他们认为孔子学院、专门的培训基地等在中国政府的支持下成为重要的传播场所。② 丁保玉、解乒乓等指出现实的武术传播模式应不同于以往的单向线性传播模式和双向传播模式，在注重武术套路功法传播的同时也应注意武术精、气、神等精神层面的传播，所以武术文化国际传播的现实模式应是"异质流"模式。③

郭强认为社会环境因素和武术传播系统内部因素对武术国际传播有影响，从传播意识、制度建设、投入体系、人才队伍建设、内容建设、传播渠道、武术教育、市场开发和产业开发等方面提出了对策。④ 胡燕丽提出了四种中国武术国际传播模式：教育传播模式、竞技传播模式、媒介传播模式、商业传播模式。⑤ 甘丛婷立足传播过程、传播模式和传播媒介三个方面探索符合时代价值的对话关系、模式构建和媒介体系。⑥ 丁传伟等提出武术面临"共性文化"缺失引发的中国武术文化在地方传播受阻、信息不对称所造成的沿线区

---

① 朴一哲，杜舒书. 基于孔子学院模式的武术文化国际传播研究——以韩国为例[J]. 沈阳体育学院学报，2010（1）：125-128.
② 揭光泽，付爱丽. 武术文化通过华侨华人进行国际传播的历史沿革[J]. 体育学刊，2015，22（4）：135-138.
③ 丁保玉，解乒乓，康德强，等. 构建武术文化国际传播多元模式的理论研究[C]//国家体育总局武术研究院，中国体育科学学会武术分会. 中华武术研究2015年全国武术论文报告会论文集（下），2015.
④ 郭强. 武术国际传播策略研究[D]. 桂林：广西师范大学，2006.
⑤ 胡燕丽. 中国武术国际传播模式研究[D]. 广州：广州大学，2012.
⑥ 甘丛婷. 世界新格局下中国武术国际传播方略研究[J]. 武术研究，2016，1（7）：17-20.

域武术话语体系失衡和"一带一路"共建国家武术文化协调发展支持机制不健全等挑战。[①] 花家涛借助于人类学对当前文化"多元化维护"与"化多元为一体"的辩证理解，认为需从"中国中心观"转向人类学视野下"中西互证"的思路，促使武术传播研究在"独特性辩护"中转向"文化差异性共存与会通性生产"，提升其国际话语能力。[②]

以上研究从母学科的角度审视武术国际传播，认为构建武术传播模式，要在传统传播模式的基础上加以改进，以适用于当今国际层面上的武术传播，给武术国际传播现实发展过程提供具体的方法论指导，使不同传播主体认识到所教授内容是否实现了最优传授，使传播内容具体化。同时，孔子学院等传播平台的出现能帮助传播主体与被传播者之间进行及时的交流反馈，使武术国际传播积极效应实现最大化。以上研究对影响因素、文化软实力、传播方略、"走出去"文化战略等武术国际化传播的战略和模式研究比较深入，但在此方面学者们的研究提出的武术新传播模式多是在宏观方面，较少探讨具体细致的传播方案，对战略的实施路径等研究不够。

7. 武术文化传播方面研究

刘军指出，在世界上各民族文化互相渗透融合的背景下，武术

---

① 丁传伟，李臣. "一带一路"倡议下中国武术文化"走出去"的思考[J]. 北京体育大学学报，2017，40（3）：127-133.

② 花家涛. 中国武术国际传播研究的人类学转向[J]. 体育学刊，2022，29（4）：14-19.

文化国际传播中应注重武术内在精神的宣扬。① 汲智勇指出，在中国文化"走出去"的战略背景下，武术动漫化有利于增加世人对武术文化的认知与认同、有利于武术的传承与发展、有助于民族文化身份的认同。② 郭玉成、刘韬光指出，武术国际传播的文化方略应从中国人、中华文化的角度出发，树立提升中华文化软实力的目标。③ 李吉远指出，中国武术跨文化传播是体育强国建设的时代需要，可以塑造良好的国家形象，于是需要印刷媒介、电影媒介、互联网等多维视野整合中国武术的跨文化传播。④ 孟涛、唐芒果指出，武术作为中国传统文化不可或缺的组成部分，在不同的文化语境下，承担着不同的责任和任务。⑤ 蔡月飞指出，中国武术国际传播中遭遇的文化误读、认同危机等文化困境，仍然是制约中国武术文化"走出去"的主要因素。⑥

综上所述，文化层面上武术走向国际传播困难，主要源自东西方文化的差异和我国传统文化软实力薄弱两方面。文化是民族精神的集中体现，武术文化又是中国传统文化的集中体现，武术文化国

---

① 刘军．刍议武术文化的国际传播［J］．北京体育大学学报，2004，27（1）：31-32.

② 汲智勇．武术动漫：武术文化国际传播的新路径［J］．南京体育学院学报（社会科学版），2010，24（6）：76-79.

③ 郭玉成，刘韬光．文化强国视域下武术国际传播方略［J］．成都体育学院学报，2012，38（4）：7-11，21.

④ 李吉远．国家形象视域下中国武术跨文化传播研究［J］．武汉体育学院学报，2012，46（3）：58-65.

⑤ 孟涛，唐芒果．文化符号与责任担当：中华武术国际传播的话语分析［J］．上海体育学院学报，2014，38（3）：52-57.

⑥ 蔡月飞．中国武术国际传播的文化困境与理念转换［J］．成都体育学院学报，2014（11）：34-38.

际传播的过程,就是构建国家形象的过程。从文献资料来看,虽然多次提及武术文化对提升国家文化软实力的研究,但是都没有对宽泛的武术文化内容进行限定,属于研究上的不足。

8. 武术新媒体传播研究

于翠兰指出,通过互联网对武术资料的检索,我国武术界已开始有意识地运用互联网传播中国武术与文化,并使其成为推动中国武术走向国际化的重要途径之一。① 李臣、赵连文指出,中国武术正面临"走出去难"的困境,而在当今的互联网时代,互联网这一载体可以充分利用起来,将武术单一的线下传播模式转变为多元的线上传播模式,创造互联网时代中国武术国际化传播新辉煌。② 金涛、李臣指出,世界互联网进入"中国时间"为中国武术极速"走出去"提供了先行机遇。③

综上所述,互联网是武术国际传播的又一新兴载体,利用好这一新兴载体可以使武术传播摆脱传统的线下师徒传授模式,转变传播理念,使死板授课教学转变成为对武术传统文化的分享,对繁杂的教学内容进行组织分类,方便被传播者系统的学习,同时也能激发传播主体转变理念,实现数字化、多模式的传播氛围。

---

① 于翠兰.互联网在武术国际化传播中的现状与对策[J].体育文化导刊,2005(4):35-37.
② 李臣,赵连文.互联网时代中国武术"走出去"的现实困境与路径选择[J].武汉体育学院学报,2017,51(11):75-79.
③ 金涛,李臣.互联网时代中国武术"走出去"的路径审视与思考[J].沈阳体育学院学报,2018,37(4):139-144.

9. 武术传播语言研究

中国武术走向国际大舞台，语言问题是首要解决的大问题。王国志、张宗豪、张艳提出，语言不通则文化难以相通，文化不通则很难民心相连。① 卢安、姜传银指出，当今武术对语言的功用缺乏正确的认识，武术国际传播实践中处理语言问题的手段尚待挖掘。② 杨啸原指出，武术双语教学有利于国际间高校的文化和学术交流，有利于培养国际型武术人才，有利于武术对外推广和学生到国外就业。③

综上所述，武术国际传播过程中仍需要掌握当地语言，这就是我国文化软实力薄弱的体现。值得庆幸的是，我们正处于民族文化逐渐走向国际传播的阶段，建成国家文化软实力强国，未来可期。

(二) 文献评述

首先，国内学者对我国武术国际化传播方略的研究有以下特点：一是起步晚、成果少；二是对个案研究涉及较少，需要扩大研究的地域范围，为我国武术在"一带一路"共建国家的传播提供有力的参考；三是人才队伍建设研究较少，需要加强，国家给予一定的政策倾向；四是传播路径研究取得了一定的成绩，尚需更加深入研究。

其次，我国武术国际传播存在的问题有：国家化标准、长效化

---

① 王国志，张宗豪，张艳."一带一路"倡议背景下中国武术国际传播偏向与转向［J］.武汉体育学院学报，2018，52（7）：70-74，87.
② 卢安，姜传银.中国武术国际传播的语言原则与手段［J］.现代传播：中国传媒大学学报，2017，39（5）：159-160.
③ 杨啸原.武术双语教学的必要性与可行性研究［J］.西南民族大学学报（人文社会科学版），2005，26（8）：379-380.

机制、"小众传播"专业化、相应政策法规不完备、缺少文化品牌、人力资源的结构和质量欠佳、产业规模偏小、武术翻译问题凸显、全球性赛事规模和影响力较小、竞赛套路传播出现洲际间失衡与洲内的失衡两种状态（虞定海等）；武术国际形象的构筑及传播机制、武术跨文化译介机制与系统、武术跨文化传播的理论构建与实践体系等现实课题（王美玲等）；中西方文化差异制约、语言的障碍（从不同语种中准确翻译比较困难）、重技艺轻文化、国际化传播人才缺乏，对传播对象的分析不够，对武术国际化的推广、定位、方法比较模糊，对武术国际化传播领军人物培养不够；个案研究区域不平衡、重复性研究多、基础理论单薄、交叉学科研究不足以及反馈系统缺失；缺少资金支持和宣传（宋兰兰等）。

综上，我国武术国际化发展还存在很多问题：传播的文化瓶颈、传播的语言障碍、传播的媒体单一、传播的内容单一、形式陈旧、传播人才数量和质量有待提高、传播受众分析少、个案研究不平衡、反馈系统缺失。需要理清思路，在"一带一路"共建国家增加传播受众，扩大受众范围，力争为文化强国战略和体育强国战略助力，为中国梦献上美丽的篇章。

四、研究对象与方法

（一）研究对象

以"一带一路"倡议背景下武术国际传播方略为研究对象，把武术国际传播问题置于"一带一路"共建国家中，提出有针对性的传播方略。

（二）研究方法

1. 文献资料法

通过中国知网、web of science（科学引文索引数据，简称SCI）、ProQuest博硕士学位论文全文数据库等数据库，查阅近万篇有关武术传播的文献，搜集"一带一路"倡议相关文件和武术传播的专著，为课题提供启示和思路。

2. 案例分析法

分别选取"一带一路"共建国家中具有代表性的东盟8国（新加坡、印度尼西亚、柬埔寨、老挝、文莱、马来西亚、缅甸和越南），分析这些国家武术传播的不同情况，为在其他"一带一路"共建国家进行武术传播提供实践依据和决策启示。

3. 口述历史法

为了解武术国际传播的现状，设计对5类人的访谈提纲，对国内知名的国际武术传播者（14人，见表1-1）、武术管理者（11人，见表1-2）、武术研究者（11人，见表1-3）、武术国际传播旁观者（74人，来自全国6个省份见表1-4），以及国外受访者——外国教练与运动员（8人，来自东盟8国，见表1-1到表1-5）共118人进行口述历史研究，对受访者访谈文本进行分析，为课题提供一手资料。深入了解武术国际传播的现状和问题，为武术国际传播献言献策。通过华侨华人、文化体育名人、各方面出境人员、武术传播者等，依托一些组织和机构，通过武术讲好中国故事、传播好中国声音、展示好中国形象，通过武术国际传播，促进人类命运共同体的发展。

　　为清楚了解武术国际传播的现状，发现可能存在的问题和武术国际传播的规律，本书以武术国际传播为研究对象，在查阅和分析文献资料的基础上，确定口述史提纲，先在几个受访者中进行预访谈，并及时调整访谈提纲。然后，以武术传播者、武术管理者、武术研究者、旁观者和国际受访者5类人群为口述史对象，从2019年10月开始确定名单到2021年12月完成口述史，从传播者、传播内容、传播路径、传播受众、传播效果、传播反馈机制和国内外传播环境7个方面展开研究。

　　为了保护受访者的个人隐私，依据口述史研究规范，对武术国际传播者、管理者、研究者和旁观者进行编码，传播者、管理者、研究者、旁观者和国外受访者的英文分别是communicators, managers, researchers, bystanders, foreigners，以C、M、R、B、F编码，以C1、C2……编码所有武术国际传播者，以M1、M2……编码所有管理者，以R1、R2……编码所有研究者，用B1、B2……编码所有旁观者，以F1、F2……编码所有国外受访者，具体情况详见表1-5。

　　为了保护受访者以及相关机构的隐私，对文中出现的省、市、县、村名，分别用H、A、B、C表示，其他单位名称分别用D、E……代替。

表 1-1　武术传播者身份一览表（N=14）

传播者	国际传播者身份	地点	访谈方式	访谈时间
C1	韩国留学生	韩国、印度尼西亚	微信	2021-11-8
C2	孔子学院武术老师	坦桑尼亚	面谈	2021-11-9
C3	省级武术教练	印度尼西亚	微信	2021-11-16
C4	地质勘探队工作人员	非洲	微信	2021-11-15
C5	孔子学院武术老师	爱尔兰	面谈	2021-11-10
C6	XX太极拳传承人	日本	微信	2021-11-14
C7	XX武术传播公司董事长	法国、比利时等	微信	2021-11-15
C8	学校国际合作项目武术教练	意大利	微信	2021-11-12
C9	XX太极拳学校校长	日本、新加坡等国家	面谈	2020-7-11
C10	XX武术学校校长	日本、韩国等	面谈	2020-7-12
C11	XX太极院院长	新加坡、美国等	面谈	2020-7-11
C12	XX太极拳校长	美国、韩国等	面谈	2020-7-13
C13	XX太极拳传播公司董事长	日本、美国等	微信	2021-11-15

续表

传播者	国际传播者身份	地点	访谈方式	访谈时间
C14	XX太极拳传承人	美国、德国等	微信	2021-11-15

表1-2 武术管理者身份一览表（N=11）

管理者	身份	访谈方式	访谈时间
M1	XX武术协会主席	电话	2021-11-09
M2	XX市武术协会主席	电话	2021-11-09
M3	XX武术管理协会主席	微信	2021-11-10
M4	XX武术管理中心局长	微信	2021-11-17
M5	XX传统武术学校校长	电话	2021-11-09
M6	XX文武学校校长	微信	2021-11-10
M7	XX省武术协会主席	微信	2021-11-16
M8	XX省武术管理中心主任	微信	2021-11-15
M9	XX政协原主席	电话	2020-10-02
M10	XX武术协会主席	微信	2020-07-13
M11	XX太极拳学校校长	微信	2020-07-13

表1-3 武术研究者身份一览表（N=11）

研究者	单位	访谈方式	访谈时间	身份
R1	XX体育学院	微信	2021-11-10	博士生导师
R2	《XX研究》	微信	2021-11-15	主编
R3	XX大学体育学院	微信	2021-11-12	硕士生导师
R4	XX体育学院	微信	2021-11-17	硕士生导师
R5	XX体育学院	微信	2021-11-17	博士生导师
R6	XX体育学院	微信	2021-11-17	硕士生导师
R7	XX中医药大学	微信	2021-11-17	硕士生导师
R8	XX理工大学	微信	2021-11-16	硕士生导师
R9	XX体育学院	微信	2021-11-15	硕士生导师
R10	XX大学	微信	2021-11-18	博士生导师
R11	XX理工大学	微信	2021-11-20	硕士生导师

表1-4 武术国际传播旁观者身份一览表（N=74）

省份	人数	年龄	人数	性别	人数
河南	68	50后	10	男	33
辽宁	1	70后	15	女	41

续表

省份	人数	年龄	人数	性别	人数
山西	1	80后	25		
安徽	2	90后	17		
北京	1	00后	7		
广东	1				

表1-5 东盟8国受访者身份一览表（N=8）

国家及受访者	身份	访谈时间	访谈方式
新加坡 F1	国家队武术教练	2019-11-11	面谈
印度尼西亚 F2	省队武术教练	2019-11-11	面谈
柬埔寨 F3	国家队领队	2019-11-10	面谈
老挝 F4	高校教授	2019-11-10	面谈
文莱 F5	助理教练	2019-11-10	面谈
马来西亚 F6	武术主教练	2019-11-10	面谈
缅甸 F7	武术主教练	2019-11-10	面谈
越南 F8	武术主教练	2019-11-10	面谈

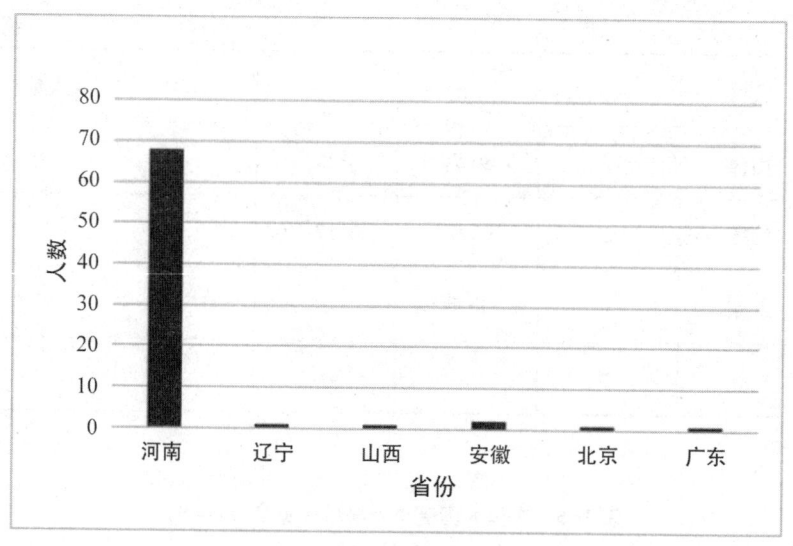

图1-1 武术旁观者来源（省份）

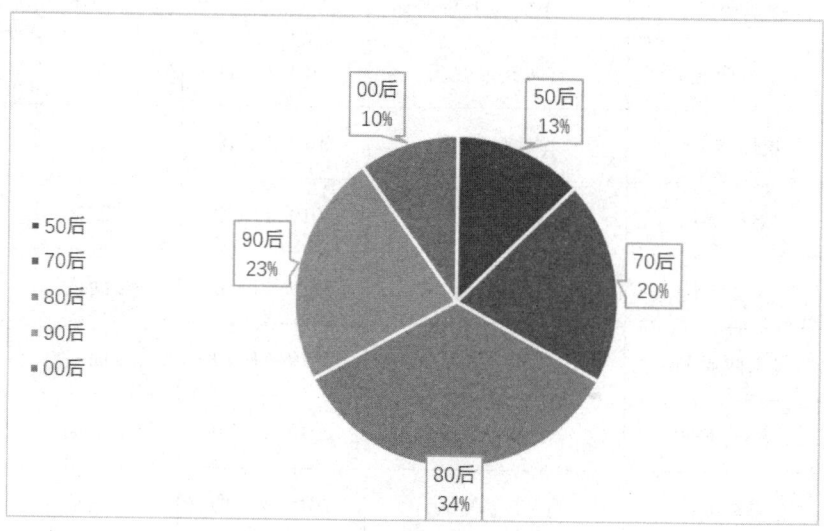

图1-2 武术旁观者年龄

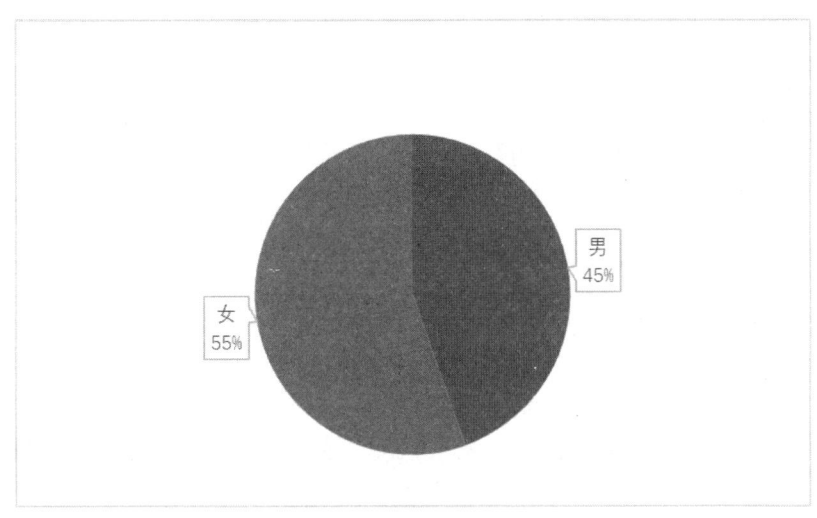

图 1-3　武术旁观者性别

五、研究思路与价值

(一) 研究思路

首先,运用文献资料和专家访谈等方法梳理我国武术国际传播的发展历程,总结不同时期特征,基于理性选择理论构建"一带一路"共建国家武术国际传播方略的理论模型。

其次,运用案例分析法对比研究新加坡、马来西亚等国家武术国际传播情况,总结传播经验。

再次,运用口述历史法,把"一带一路"共建国家武术国际传播方略的理论模型应用于武术传播,进一步完善理论模型。

最后,提出适合我国国情的"一带一路"共建国家武术国际传播方略,并提出不同服务对象和地区的武术传播方略,为国家武术

"走出去"战略和"一带一路"倡议提供科研服务。

（二）研究价值

1. 学术价值

（1）拓展武术国际传播的理论研究视角

武术国际传播是武术传播的重要内容之一，从"5W"理论和破坏性创新理论视角切入，研究武术国际传播，构建理论框架和模型。

（2）丰富武术国际传播内容

从制度层面拓展武术领域，挖掘武术国际传播领域，推动武术国际传播研究与国际化接轨，建立武术国际传播话语体系，提高国际话语权。

（3）促进和完善武术传播学学科体系建设

从传播学视角研究武术，运用口述历史法丰富和完善武术传播学的内涵和外延，促进武术传播学学科体系的构建和完善。

2. 实践价值

（1）开发教育新模式

武术国际传播理论和实践融入武术教育体系，开发人格教育和公民意识培养新模式。

（2）经验推广价值

武术国际传播的经验可以为我国其他体育运动项目和优秀传统文化的国际传播提供实践启示。

（3）传承创新价值

基于破坏性创新理论提出我国武术国际传播的创新方案，拓展武术国际传播内涵，以实现武术国际传播的可持续与传承发展。

六、创新之处

（一）学术思想创新

近些年，我国依托孔子学院，实施了武术"走出去"战略，为我国武术走出国门、发扬光大积累了重要的实践经验，但是从战略高度系统梳理和思考的研究较少，课题拟构建武术"一带一路"共建国家传播方略的理论模型，丰富武术传播的思想库，服务于国家"一带一路"倡议和体育强国战略。

（二）学术观点创新

构建武术"一带一路"共建国家传播的方略理论模型，在前人研究的基础上提出武术"一带一路"共建国家传播的方略是在"一带一路"共建国家进行武术传播的战略系统的总称，基于破坏性创新理论，提出从武术国际传播的战略定位、战略目标、战略内容、实施方法和实现路径5个方面实现武术国际传播的"蜕变"，重点突出战略定位、内容和实施路径，提出针对不同群体和文化圈的武术传播模式。

（三）研究方法创新

运用文献资料法进行规范研究，构建武术"一带一路"共建国家传播的方略理论模型，运用口述历史方法进行实证研究，并验证理论模型，借鉴成功经验，基于口述材料和破坏性创新理论，提出武术"一带一路"背景下武术国际传播的创新方略。

第二章

新中国成立以来武术国际传播的历史变迁

武术是我国优秀的传统文化，武术的国际传播和国家发展的重要历史事件密切相关，经历了改革开放前的武术国际传播探索期（1949—1976年）、改革开放后的武术国际传播发展期（1977—2012年）和新时代的武术国际传播交流期（2013年至今）。

一、改革开放前的武术国际传播探索期（1949—1976年）：民间传统武术交流

改革开放前的武术国际传播，在查阅体育史、体育年鉴和相关武术传播专著的基础上，根据史料和对武术国际传播者、管理者、研究者、旁观者、国外受访者五类人的口述史发现，改革开放前的武术国际传播以零散的民间交流为主，具体表现如下。

（一）社会主义探索时期的武术国际交流（1949—1966年）

新中国成立初期，百业待兴，中国开始了社会主义道路的探索。在这个时期，社会发展缓慢，加上三年困难时期，武术发展并不好。在国内国家领导人重视的基础上，武术发展主要以武术国际交流为主。这个时期史料较少，可以在一些专著中管窥一二。

国家体委武术研究院编著的《中国武术史》中记载：1949年10月政务院批准筹备成立中华全国体育总会，筹备委员会主任冯文彬指出，"要开展武术活动"。1952年6月10日，中央人民政府主席毛泽东为中华全国体育总会第二届代表大会写了"发展体育运动，增强人民体质"的题词，提倡"做体操、打球类、跑跑步、爬山、游水、打太极拳及各种各色的体育运动"。[①] 1953年，国家体委主任贺龙同志提出了武术的"发掘、整理、提高、推广"的八字方针，1953年11月8至12日，全国民族形式体育表演及竞赛大会在天津举行，这是新中国成立后民间武术的首次大会演。1956年2月，二十四式简化太极拳创编，太极拳进入寻常百姓家。[②]

"中国体育交流的内容不断丰富。到1959年和1960年，又增加了射箭、游泳、手球、划船、滑雪、跳伞、自行车、武术等；1960年6月21日至7月10日，中国体育代表团（包括武术队）26人，由团长李达率领应邀出席了在布拉格举行的捷克斯洛伐克第2届全国运动会，我国武术队专门为大会表演。"[③] 同年年底，周恩来总理访问缅甸，中国武术队又跟随前往表演，以此为契机，新中国武术逐渐踏上了世界之旅。[④]

这个时期的武术国际传播是我国与国际社会交流的重要载体和

---

① 国家体委武术研究院.中国武术史［M］.北京：人民体育出版社，2003：362.
② 申国卿.2008年度的武术文化的激荡［M］.武汉：湖北人民出版社，2012：56-62.
③ 罗时铭.当代中国体育对外关系史（1949—2008）［M］.北京：北京体育大学出版社，2016：83.
④ 罗时铭.当代中国体育对外关系史（1949—2008）［M］.北京：北京体育大学出版社，2016：127.

手段，也是武术国际传播"走出去"的第一步，具有里程碑意义。

（二）"文化大革命"时期的武术国际交流（1967—1976年）

查阅史料，发现一些零散的武术民间国际交流的痕迹。罗时铭的《当代中国体育对外关系史（1949—2008）》中记录，中日体育交往处于高潮，体育交流的项目内容增多和丰富后，还有日本的传统体育项目相扑和中国的太极拳。[①] 具体情况见表2-1（1973—1975年中日体育交往简表），日本分别在1974年和1975年来访中国，以太极拳和少林拳为交流内容。

表2-1　1973—1975年中日体育交往简表[②]

时间 内容	1973		1974		1975		合计	
	来访	出访	来访	出访	来访	出访	来访	出访
太极、少林拳			1		1		2	

中国武术具有"草根性"，它与农民有一种自然的亲和力，大寨人研究决定组建一支娃娃武术队。于是在1974年，北京体育学院的夏柏华被中央征调前往大寨村组建、训练这支队伍，在夏柏华的精心培育下，"大寨小武术队"渐渐有了名气，甚至曾到国外作巡回演出。[③]

---

① 罗时铭. 当代中国体育对外关系史（1949—2008）[M]. 北京：北京体育大学出版社，2016：127.

② 罗时铭. 当代中国体育对外关系史（1949—2008）[M]. 北京：北京体育大学出版社，2016：128.

③ 中国体育年鉴编辑委员会. 中国体育年鉴（1973—1974）[M]. 北京：人民体育出版社，1982：25.

1974年6月21日至7月15日，中国武术代表团访问了美国，先后在夏威夷、旧金山、纽约、华盛顿表演了16场。1974年6月5日至6月21日，中国武术代表团还访问了墨西哥、美国，回来经过香港时（7月17日至22日），又在香港进行了表演，同样引起轰动。[1]

1974年，美国总统尼克松、国务卿基辛格在白宫会见了代表团成员，并观看了运动员的精彩表演。随后，中外武术交流越来越多，"从1975—1985年的10年中，每年都有2—3次武术代表团出国访问的任务，据不完全统计，这10年期间，已访问了五大洲、60多个国家和地区"，其中与日本的武术交流最为频繁。[2]

1974年9月15日至10月15日，我国的少年武术代表团先后访问了日本的东京、藤泽、金泽、松元等地，表演43场。[3] 1975年5月13日至7月8日，中国武术代表团先后访问了英国伦敦和曼彻斯特，参加了莫桑比克的独立大典，并访问了楠普拉等城市，共表演了30场。[4] 1975年10月3日至12月11日，中国武术、技巧代表团又访问了埃及、土耳其、摩洛哥、突尼斯、阿尔及利亚、毛里塔尼亚等6个国家的22个城市，表演44场。[5] 1976年5月13日至6月

---

[1] 中国体育年鉴编辑委员会. 中国体育年鉴（1973—1974）[M]. 北京：人民体育出版社，1982：25.
[2] 中国体育年鉴编辑委员会. 中国体育年鉴（1973—1974）[M]. 北京：人民体育出版社，1982：25.
[3] 中国体育年鉴编辑委员会. 中国体育年鉴（1973—1974）[M]. 北京：人民体育出版社，1982：26.
[4] 中国体育年鉴编辑委员会. 中国体育年鉴（1973—1974）[M]. 北京：人民体育出版社，1982：26.
[5] 中国体育年鉴编辑委员会. 中国体育年鉴（1973—1974）[M]. 北京：人民体育出版社，1982：26.

28日，中国武术、技巧代表团访问了菲律宾和缅甸，同年11月2至16日，中国武术代表团访问了越南。

出访之外，也有来访。1974年6月5至17日，日本太极拳代表团访问了我国的北京、上海、杭州和广州。1975年2月21日至3月12日，以宗道臣为团长的日本少林寺拳法联盟代表团先后访问了我国的北京、西安、南京、扬州、苏州、上海等地。[①]

1975年10月3至24日，以三浦英夫为团长的日本太极拳代表团访问了我国的北京、上海、延安、西安等地。1976年5月6至23日，以宗道臣为团长的日本少林寺拳法地代表团再次访问了我国的北京、哈尔滨、大庆油田、长春、沈阳等地。1976年11月10至24日，日本太极拳学习团访问了我国的北京、广州、桂林和上海等地。独具中国文化特色的武术成为出访地新闻媒体关注的热点，武术在国际上的影响日益显现，为以后武术走向世界做好了良好的铺垫。

二、改革开放后武术国际传播的发展期（1977—2012年）：竞技武术走向世界

（一）从民间走出去的武术国际传播（1977—1992年）

这个时期的武术国际传播，以国际单项协会承办赛事、组织武术会议和培训为主，推动民间武术交流的深入发展。

中日赛事交往中的第三大活动是双方武术交流。如1978年9月

---

① 中国体育年鉴编辑委员会. 中国体育年鉴（1973—1974）[M]. 北京：人民体育出版社，1982：26.

19日,人大常委会副委员长、中日友协会长廖承志,在北京会见访问我国的日本少林寺拳法代表团团长、日本少林寺拳法联盟会长宗道臣和副团长内山滋及代表团全体成员。1982年4月,中国太极拳教练组一行20人,参加在日本东京举行的日中演武交流大会、日本武道馆开馆20周年纪念及第8届日本古武道演武大会。[1]

1984年2月10日,澳大利亚总理罗伯特·霍克总理到北京体育学院观看武术、艺术体操表演。[2] 1984年11月,以中国武术协会秘书长赵双进为组长的中国武术专家一行10人,应邀前往意大利讲学、考察和表演。[3] 1985年9月,中国武术代表团一行49人访问罗马尼亚和波兰,这是中国武术代表团对罗马尼亚的首次访问。[4] 1986年3月,全国武术挖掘成果汇报会举办了武术遗产挖掘、整理成果展览。11月,在天津成立了亚洲武术联合会筹委会。同月,在天津举行了有阿根廷、澳大利亚、德国等20个国家和地区的145名运动员参加的第二届国际武术邀请赛。[5]

1987年国家体委发布《关于加强武术工作的决定》,中国武术协会、国家体委武术研究院在广东省深圳市举办了首届国际武术教

---

[1] 罗时铭.当代中国体育对外关系史(1949—2008)[M].北京:北京体育大学出版社,2016:285.
[2] 罗时铭.当代中国体育对外关系史(1949—2008)[M].北京:北京体育大学出版社,2016:285.
[3] 罗时铭.当代中国体育对外关系史(1949—2008)[M].北京:北京体育大学出版社,2016:263.
[4] 罗时铭.当代中国体育对外关系史(1949—2008)[M].北京:北京体育大学出版社,2016:270.
[5] 申中卿.2008年度的武术文化的激荡[M].武汉:湖北人民出版社,2012:56-62.

练员训练班,在杭州市举办了第一届国际武术裁判员训练班。这一年,在日本横滨举行了第一届亚洲武术锦标赛,武术开始成为正式的国际比赛项目。① 1987 年 3 月,中国武术裁判讲习组访问日本,并为日本培训武术裁判。② 1988 年,亚奥理事会正式将武术列为亚运会正式比赛项目,从而使武术由单项的国际比赛变成国际综合性运动会的比赛项目。③ 1988 年 3 月,日本太极拳代表团 285 人来北京进行友好访问,并参加中日太极拳比赛交流大会。8 月,中国武术裁判团应邀赴日本,参加日本第 5 届全国太极拳比赛的裁判工作。④ 1988 年 10 月,中国首届国际武术节在杭州、深圳举行,在杭州举行了开幕式和武术套路国际邀请赛及武术游园活动,在深圳举行武术散打邀请赛和武术理论报告、武术灯会等活动并举行了闭幕式。共有包括美国在内的 33 个国家和地区的 500 多名武术健儿参加。⑤ 1989 年,国家体委武术研究院审定长拳、南拳、太极拳、刀术、枪术、剑术、棍术 7 个项目为第十一届亚运会武术竞赛套路和国际性武术比赛的正式项目。⑥

---

① 申国卿.2008 年度的武术文化的激荡[M].武汉:湖北人民出版社,2012:56-62.
② 罗时铭.当代中国体育对外关系史(1949—2008)[M].北京:北京体育大学出版社,2016:285.
③ 申国卿.2008 年度的武术文化的激荡[M].武汉:湖北人民出版社,2012:56-62.
④ 罗时铭.当代中国体育对外关系史(1949—2008)[M].北京:北京体育大学出版社,2016:285.
⑤ 罗时铭.当代中国体育对外关系史(1949—2008)[M].北京:北京体育大学出版社,2016:275.
⑥ 申国卿.2008 年度的武术文化的激荡[M].武汉:湖北人民出版社,2012:56-62.

武术节期间，中共中央政治局委员、国务委员李铁映会见了各国代表团团长。①

1990年10月，在北京举行的第十一届亚运会，也是中国第一届亚运会上，武术被列为正式比赛项目，有11个国家和地区的96名运动员参加。10月3日，国际武术联合会在北京正式成立，有会员国38个，李梦华任主席。

1991年，国家体委评定并命名了35个县、市（区）为首批"全国武术之乡"。同年，在杨式太极拳发祥地永年举办第一届国际太极拳联谊会，开了太极拳年会之先河，在国内外产生了很大的影响。2月，在北京举行了散手擂台邀请赛。10月，在北京举行了第一届世界武术锦标赛，共有40个国家和地区的500多名运动员参加了武术套路和散手的比赛。② 另外，还承办相关会议，1991年10月，亚洲武术联合会执委会会议在北京召开。会议做出了以下几个重要决定：第一，积极说服广岛亚运会组委会，将武术列为正式比赛项目；第二，组建由亚武联副主席霍震寰牵头的亚武联基金会；第三，责成亚武联技术委员会制定亚洲武术运动员等级制度；第四，派武术团去西亚大力推动武术运动。③ 1992年12月5至11日在四川省江北县（今渝北区）召开了第二次全国武术工作会议，充分肯定

---

① 申国卿. 2008年度的武术文化的激荡 [M]. 武汉：湖北人民出版社，2012：56-62.

② 申国卿. 2008年度的武术文化的激荡 [M]. 武汉：湖北人民出版社，2012：56-62.

③ 罗时铭. 当代中国体育对外关系史（1949—2008）[M]. 北京：北京体育大学出版社，2016：255.

了前10年武术工作取得的成绩,做到了"敞开国门,走向世界,建立了世界及洲级武术组织"[①]。

这个时期的武术国际传播主要有民间武术交流,靠民间引领武术国际传播,加大武术国际交流的力度,这和当时特殊的历史条件有着密切的关系。武术民间交流加快了中国国际交流的步伐,在文化交流领域起着举足轻重的作用。以上史料在对武术管理者、武术传播者和武术研究者的访谈者中也得到了印证。

(二)竞技武术走向历史舞台的国际传播期(1993—2008年)

这个时期的武术国际传播,以竞技武术交流为主。

1998年10月15日,为了纪念邓小平题词"太极拳好"发表20周年、庆祝中国武术协会成立40周年,10月18日国际武联主席伍绍祖代表国际武术联合会向国际奥委会主席萨马兰奇递交了武术运动进入奥运会正式比赛项目的申请。[②] 1999年6月20日在韩国首尔召开的第109次国际奥委会执委会议上,通过决议,承认国际武联为"被承认的联合会",这表明武术已步入国际奥林匹克运动会的大家庭。11月3至7日,第五届世界武术锦标赛在中国香港举行,来自55个国家和地区的362名运动员参加了套路和散手的比赛。12月在美国犹他州的圣乔治城举办的中国功夫对美国职业拳击争霸赛上,中国以7比2获胜。[③]

---

① 国家体委武术研究院. 中国武术史[M]. 北京:人民体育出版社,2003:383.
② 申国卿. 2008年度的武术文化的激荡[M]. 武汉:湖北人民出版社,2012:56-62.
③ 申国卿. 2008年度的武术文化的激荡[M]. 武汉:湖北人民出版社,2012:56-62.

在这个时期，中国承办（主办）了一些武术相关体育赛事，见表2-2中国承办（主办）国际单项体育赛事一览表（1978—1992），还有承接国际体育组织会议和培训，详见表2-3承接国际体育组织会议与培训任务统计表（1980—1992）。①

表2-2　中国承办（主办）国际单项体育赛事一览表（1978—1992）

赛事名称	举办时间	举办地点	性质	备注
太极拳（剑）	1984年4月	武汉	主办	7个国家和地区
武术邀请赛	1985年8月	西安	主办	14个国家和地区
武术邀请赛	1986年11月	天津	主办	27个国家和地区
国际武术节	1988年10月	杭州 深圳	主办	33个国家和地区

表2-3　承接国际体育组织会议与培训任务统计表（1980—1992）

时间	会议或培训名称	地点	备注
1986年6月9至23日	国际武术教练员班	济南	17个国家代表参训
1988年10月1至9日	国际武术裁判班	上海	13个国家51人参训

---

① 罗时铭.当代中国体育对外关系史（1949—2008）[M].北京：北京体育大学出版社，2016：239.

中国曾派人先后到五大洲六十多个国家和地区进行武术表演和交流，中国武术已经发展到了欧美等地域。美国已成立了"全美中国武术协会"，芝加哥、纽约、旧金山等城市还有"少林功夫学校"等。在国际上，中国武术热方兴未艾，武术对亚运会武术套路男子长拳比赛发展同各国人民的友谊、促进文化交流做出了贡献。① 1999年，国际武联被吸收为国际奥委会的正式国际体育单项联合成员，这是武术发展上的又一历史性突破。②

2001年北京申奥成功后，国际武联立刻启动了"入奥"工作，要在北京2008年奥运会上进行武术表演赛。中华武术终于可以出现在奥运赛场上，向更多的人展示中国武术传统文化的魅力。③ 2001年12月20日，国际武术联合会主席李志坚致函国际奥林匹克委员会主席罗格，"代表国际武术联合会和全体武术运动员，申请将武术运动列入奥林匹克运动会"④。以竞技武术为主的武术国际传播（1993—2008）不仅使中国在国际赛事上独占鳌头，还引领竞技武术发展，且从武术在国际交往中的作用看，主要集中在竞技武术的发展。而且，在这个时期，国家体育总局想把武术作为奥运项目引入北京2008年奥运会，因为在武术锦标赛、世界杯等大型武术赛事上取得优异的成绩，可以加大武术国际传播的力度。⑤

---

① 华博. 中国世界武术文化［M］. 北京：时事出版社，2007：17.
② 华博. 中国世界武术文化［M］. 北京：时事出版社，2007：17.
③ 华博. 中国世界武术文化［M］. 北京：时事出版社，2007：17.
④ 申国卿. 2008年度的武术文化的激荡［M］. 武汉：湖北人民出版社，2012：56-62.
⑤ 申国卿. 2008年度的武术文化的激荡［M］. 武汉：湖北人民出版社，2012：56-62.

中国代表队参与的武术锦标赛，取得了较好的成绩。如参加1997年11月4至8日在意大利罗马举行的武术锦标赛，获得了8金2银[1]；参加2001年11月1至5日在亚美尼亚举办的武术锦标赛获得12枚金牌[2]；参加2005年12月9至14日在越南举办的武术锦标赛，获得金牌18枚[3]。参加世界杯比赛，如2008年9月19至21日参加在哈尔滨举办的武术散打世界杯，获得11枚金牌。[4]

2002年2月7日，在盐湖城举行的国际奥委会第113次会议上，国际武术联合会被准予为"被承认的联合会"[5]。2007年10月，中国武术协会官方网站和国际武术联合会官方网站新版正式推出，为第九届世界武术锦标赛和北京2008武术比赛的网络宣传做好了准备。也正是在2008年度，中国武术迎来了在北京奥运会上以特殊身份亮相的难得机遇，并以此为标志开启一个新的发展时期。[6]

与此同时，我国着手将国际武术赛事"请进来"，开启首届国际武术节，让更多人了解中国武术，加快武术国际传播的步伐。国际单项体育组织中的中国声音见表2-4，亚洲地区国际体育组织中国

---

[1] 罗时铭.当代中国体育对外关系史（1949—2008）[M].北京：北京体育大学出版社，2016：370.

[2] 罗时铭.当代中国体育对外关系史（1949—2008）[M].北京：北京体育大学出版社，2016：373.

[3] 罗时铭.当代中国体育对外关系史（1949—2008）[M].北京：北京体育大学出版社，2016：377.

[4] 罗时铭.当代中国体育对外关系史（1949—2008）[M].北京：北京体育大学出版社，2016：384.

[5] 申国卿.2008年度的武术文化的激荡[M].武汉：湖北人民出版社，2012：56-62.

[6] 申国卿.2008年度的武术文化的激荡[M].武汉：湖北人民出版社，2012：56-62.

人任职（1993—2008）见表2-5：

表2-4 1993—2008年国际单项体育组织中国人任职一览表①

时间	职务	姓名	组织名称	备注
1991年10月	主席	李梦华	国际武术联合会	
1997年11月	主席	伍绍祖	国际武术联合会	到1999年
2000年6月	主席	李志坚	国际武术联合会	到2003年
2004年5月	主席	于再清	国际武术联合会	到2008年

表2-5 亚洲地区国际体育组织中国人任职一览表（1993—2008）②

时间	职务	姓名	组织名称	备注
1993年6月	主席	徐才	亚洲联合会	
1996年11月	执委	张耀庭	亚洲武术联合会	
1997年5月	主席	袁伟民	亚洲武术联合会	
2000年10月	主席	李志坚	亚洲武术联合会	
2002年10月	主席	李志坚	亚洲武术联合会	连任

---

① 罗时铭.当代中国体育对外关系史（1949—2008）[M].北京：北京体育大学出版社，2016：362-365.
② 罗时铭.当代中国体育对外关系史（1949—2008）[M].北京：北京体育大学出版社，2016：394-396.

2004年10月16日，在郑州举行了首届"世界传统武术节"，参赛地区和国家多达62个，比赛项目2039项次，被誉为武术奥林匹克运动会。①

（三）武术转型发展时期的武术国际传播（2009—2012年）

这个时期的武术国际传播以竞技武术与学校武术互动发展为特征。竞技武术在这个时期因为申奥未果而改变方向，由原来的竞技比赛向职业化比赛转型、向学校武术渗透，看起来更精彩，用起来更实用。

"唱响中华牌，弘扬大武术。"2008年北京奥运会后，武术表现出一些新的特点。如武术功力比赛的完善、功夫王赛事的推出、中国武术研究院的强化、武术段位制系列教程的推出等。2009年11月1日至3日，第六届武术功力大赛与第四届全国体育大会武术预选赛如期在山东省淄博市体育馆举行。2010年12月11至12日，由河南大学承办的第七届全国武术功力比赛在河南大学体育馆举行，标志着武术功力比赛已经由实验性的研究型比赛转化为推广比赛阶段，这是武术功力比赛的一个重要里程碑。2011年4月20至22日，在北京举办了武术功力比赛项目设立研讨会，就武术功力比赛的项目和内容，武术功力比赛的竞赛办法、比赛规则、评判标准，武术功

---

① 王涛. 总结2004 把握2005：访国家体育总局武术运动管理中心主任王筱麟[J]. 中华武术，2005（1）：3.

力比赛的场地、器材样式，武术功力比赛的服装和礼仪等进行了研讨。①"散打王"后，国家体育总局武术运动管理中心又尝试进行了"功夫王""WMA"等比赛的尝试，在武术产业化的道路上继续探索前行。2011年9月9日，中国武术研究院终于下发了《挖掘整理资料研究工作方案》（讨论稿），决定对这些珍贵的资料进行归档、保存、研究、点校、出版和信息化。②

武术在国外的传播也开始向中小学校渗透，由原来的武术协会竞技武术套路等，变为学校和协会互动合作，从而形成了和我国比较相似的馆校合作模式，为选拔更多的优秀武术运动员，为武术在学校的普及和发展奠定基础。和国外武术管理体制有关，大部分国家都是武术协会负责武术运动员的选拔和培训，还有社会上的武术馆校，武术协会和武术馆校合作与竞争共存，比赛前根据实力选拔参与比赛，这也为武术国际传播渗透学校教育奠定了基础。

以上史料在外国武术国际传播者口述中也得到了印证。文莱教练F4在被采访时提到，2007年武术国家队成立，表演推广、武术进校园，在小学推广多，在中学推广难，政府虽然重视，但管理体制无法改变。2012年武术被列为国家运动会的正式项目后，武术在文莱才具有了一定的社会基础和发展。（F4口述，2019年11月10日）

缅甸教练F7说，武术在缅甸已经进入校园，中小学、高中学生

---

① 杨祥全. 理性发展：新中国武术史之八[J]. 少林与太极（中州体育），2012(10)：1-7.
② 杨祥全. 理性发展：新中国武术史之八[J]. 少林与太极（中州体育），2012(10)：1-7.

都学习武术，每年组织一次全国性武术比赛，武术在社会上广为传播。(F7口述，2019年11月10日)

越南教练F8提到，武术在1984年传入越南，1994年开始发展，参与武术锦标赛；目前已经形成了武术人才阶梯，全国有100多名运动员；武术已经走进部分学校，为武术的广泛发展奠定基础。(F8口述，2019年11月10日)

新加坡武术教练F1说，1967年新加坡全国国术总会成立，目前全国已经有230多个武术团体，新加坡70所小学和120所中学校级运动会武术比赛，十三式太极拳套路在全国普及推广，形成了竞技武术为龙头、大众武术为补充、中小学推广普及为依托探索市场化运作模式打造武术品牌的武术发展现状。(F1口述，2019年11月11日)

三、走向新时代的武术国际传播交流期（2013年至今）：传统与竞技的交融

2013年习近平总书记提出了"一带一路"倡议，武术成为"一带一路"交流中的人文交流的主题，以文化交流为导向，武术在"一带一路"共建国家高质量快速发展。2013年以来，我国进入新时代，武术在走向新时代的过程中，呈现出传统武术与竞技武术相交融的特点。如M8所言，在2019年"一带一路"太极活动中，国外30个国家36个城市参与其中；2021年11月的"武术梦·中非情"大型融媒体活动非洲28个国家和地区参与。这些活动的开展有力地促进了武术与"一带一路"国家的互动，加快了传统武术和竞

技武术的融合速度，还原武术本真，吸引更多人关注、了解、学习并喜欢武术。

在民间武术交流中，主要以传统武术为主。通过这 14 位武术传播者的口述史发现，除了 C3 以外的其他人，都是以传播传统武术为主，包括少林拳和太极拳。而像 C3 一样的以竞技武术套路交流为主的传播者也不在少数，尤其是在各个国家的援外武术交流，更是如此。

在官方武术交流中，以传统武术和竞技套路等为主，两者呈现互相交融的情况，这个与武术的发展阶段密切相关。武术"走出去"的过程中，以传统武术为主；目前，武术"走进去"的过程中，必须加上武术套路等竞赛内容，规范武术国家传播标准。

在个人武术交流中，以简化套路和传统套路为主，是标准化的武术拳种。这与简化武术套路在国内大学普及程度高有关，这些内容也随着个人传播到海外。

综上，在"一带一路"背景下，武术国际传播也走向新时代，以传统和竞技的互相交融为明显特征，这种影响将持续很久，武术国际传播方略制定者应该充分考虑这种现状。

四、小结

自新中国成立以来，武术国际传播经历了改革开放前武术国际传播探索期：民间传统武术交流；改革开放后武术国际传播的发展期：竞技武术走向世界；走向新时代的武术国际传播交流期：传统和竞技的交融三个历史阶段。包括社会主义探索时期的武术国际交流、"文化大革命"时期的武术国际交流、从民间走出去的武术国际传播期、竞技武术走向历史舞台的国际传播期、武术转型发展时期的武术国际传播期和新时代武术国际传播交流期等六个时期。以史为镜，得以明志，从历史中探索武术国际传播的规律，总结成败经验，为武术国际传播战略提供启示和参考。

在"一带一路"倡议的历史背景下，武术国际传播的前景更加广阔。但是，国际环境日新月异，武术国际交流受到不同程度的影响。因此，武术国际传播战略需要根据不同的国家、不同时间、不同的国际环境、不同的文化背景等情况，随时调整战略和措施，以适应不同国家的国情，促进武术国际传播的高质量发展。

第三章

武术国际传播理论

一、国际传播理论

(一) 国际传播模式的定义

要研究武术国际传播 (International Communication of Martial Arts), 必须对国际传播进行科学的界定, 国际传播学是非常宽泛的概念, 前人对其有各种各样的界定。在以美国学者福特纳为代表的西方研究中, 多指在民族、国家或其他国际行为主体之间进行的、由政治所规定的、跨文化的信息交流与沟通。

这一定义是广义的传播模式。程曼丽认为"国际传播 (International Communication) 是指以民族、国家为主体而进行的跨文化信息交流与沟通", 认为国际传播是国家之间的交流和沟通。[1] 罗伯特·福特纳 (Robert S. Fortner) 认为"国际传播的简单定义是超越各国国界的传播, 即在民族、各国家之间进行的传播"[2]。他认为国际传

---

[1] 程曼丽. 信息全球化时代的国际传播 [J]. 国际新闻界, 2000 (4): 17–21.
[2] 罗伯特·福特纳. 国际传播学: 全球都市的历史冲突与控制 [M]. 刘利群, 译. 北京: 华夏出版社, 2000: 3.

播就是超越国界的一种传播，国际传播模式的概念可以表达为国际传播的主要成分、主要环节和要素的图式。

（二）当前通用的国际传播模式

现有的国际传播模式的宏观模式（宏观模式是对整个传播过程的描述）主要有两个。[①] 但是基本的传播模式还有很多个，其中主要分为三类传播模式：单向性传播模式、双向传播模式、互动传播模式。第三类传播模式只适合用来解释两人互动传播和个人的网络传播。[②] 构建武术国际传播模式研究，主要是一种教学式的或者集体式的传播，下面先对前两种传播模式进行探讨。

1. 单向性传播模式

美国学者哈罗德·拉斯韦尔（Hard Lasswell）在1984年的论文《传播在社会中的结构与功能》中提出，描述传播行为的一个方便的方法，是回答下列五个问题：谁、说什么、通过什么渠道、对谁说、有什么效果。这是传播学史上首次提出构成传播过程的五种基本要素，同时拉斯韦尔还把它们按照一定的顺序进行排列，这个模型被称为"拉斯韦尔"模式，[③] 见图3-1。虽然拉斯韦尔没有说明这个模式是什么传播类型，但本研究认为这是国际传播的拉斯韦尔模式。

[①] 景明洋.中国武术国际教育传播模式构建研究［D］.福州：福建师范大学，2016.
[②] 邵培仁.传播模式论［J］.杭州大学学报（哲学社会科学版），1996（2）：159-169.
[③] 姜丽.基于微信平台的秦腔戏曲传播研究［D］.西安：西安工程大学，2019.

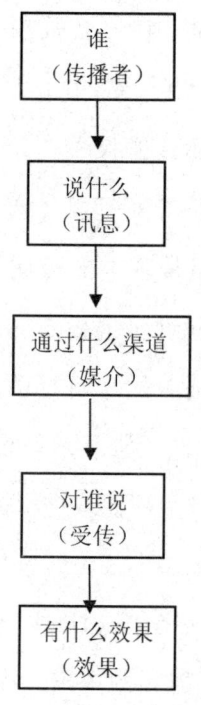

图 3-1 拉斯韦尔传播模式

从传播学历史看，拉斯韦尔传播模式比较详细、科学地对传播过程进行了分解，是一个了不起的贡献。尽管拉斯韦尔模式具有开创性的历史功绩，但是基于时代的原因，这个模式的局限性也是不可回避的。首先，这个模式的不完全性表现在它属于一个单项直线模式。所谓直线模式，就是将传播过程描述为一种直线的、单向的过程，从传播者那里开始到效果结束，其中没有提到受传者的反馈，也没有提及各要素之间的相互作用，不能揭示人类社会传播的双向性和互动性。其次，在这个模式传播中，完全没有涉及传播过程与社会系统的联系，这显然是不符合实际情况的，任何传播行为都不可能脱离社会，在"真空"中进行。

另外，还有一种模式，"香农—韦弗"模式。信源相当于传播者，信宿相当于受传者。信源发出讯息，由发射器将讯息转变成为可以传送的信号，经过信道传输后，由接收器把接收到的信号还原成讯息，再传递给信宿。在传送过程中，讯息可能受到噪声来源的干扰而产生衰减或者失真，详见图3-2。

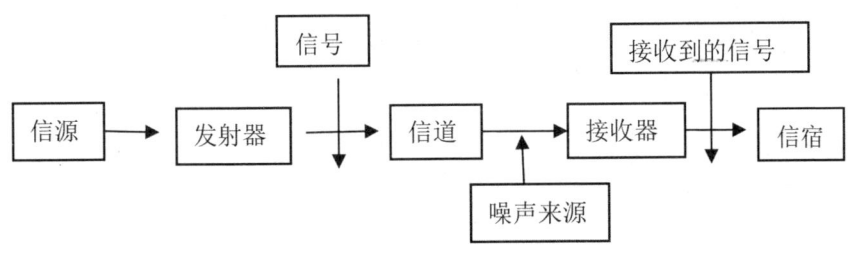

图3-2 香农-韦弗模式①

综上所述，拉斯韦尔与香农—韦弗模式的传播模式理论很明确地提出了在实践传播活动中，传播的序列性和结构性。武术作为一种肢体语言文化，它同样符合文化的特性，而文化传播作为一个系统的有机整体，缺少信息接收者的信息反馈，是实行有效的传播活动的致命弱点，这为本研究构建武术国际教育传播模式提供些许启示。

2. 双向传播模式

1954年，威尔伯·施拉姆（Wilbur Schram）在查尔斯·奥斯古

---

① 王明星. 我国体育类微信公众号现状研究［D］. 乌鲁木齐：新疆财经大学，2019.

德（Charles E. Osgood）观点的启示下，提出了一个循环模式，这个模式与直线性模式有着根本的不同。它打破了传播者和受传者的概念，偏重于解析传播双方的角色功能，认为传播双方都可以作为传播行为的主体，他们在传播的不同阶段依次扮演译码者、释码者和编码者的角色。这个模式强调了社会传播的互动性，认为传播信息会反馈，此传播模式强调受体的意见反馈，参与者双方既是信息的传播者又是信息的接受者。这种传播角色的转变，极大地体现了现代性的人类传播的互动性特质，奥斯古德与施拉姆的循环模式如图3-3所示。

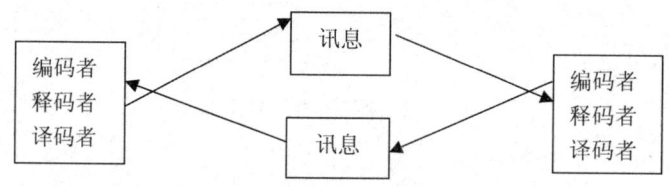

图3-3　奥斯古德与施拉姆的循环模式①

武术国际传播是一种跨文化传播。随着发展中国家的政治、经济化及军事等"硬实力"的不断增强，以及跨国家的媒介与信息技术的加速发展，发展中国家对于本国的文化利益诉求开始上升到国际关系和国家权力的层面。发展中国家不再满足于"信息富有国"的霸权式的发展模态，更加倾向于争取自我话语表达权的实现。因此，跨文化传播的循环和互动模式呼之欲出，在跨文化传播活动过

---

① 王江蓬，欧阳宏生. 论认知传播研究的知识谱系：从零散性知识到自主性知识体系［J/OL］. 西安交通大学学报（社会科学版），2023，43（5）：113-124.

程中，参与者双方既是信息的传播者又是信息的接受者。这种传播角色的转变，极大地体现了现代性的人类传播的互动性特质，同时也反映了新媒体信息时代对跨文化传播的需求。跨文化传播的双向互动模式可以描述成社会文化心理与社会影响力相互作用的"总体场域"，场域中的每一环节都是这些要素和影响力的集结点。

二、武术国际传播的基本要素

（一）Who 传播者

拉斯韦尔"5W"模式中，传播的开端是传播者，传播者也被称为"把关人"，他们在传播过程中负责搜集资料、整理、选择、处理、加工与传播信息。[1] 传播者是主动的，相对来说处于主导地位。传播者在整个传播的过程中占据着至关重要的地位，在中华武术国际传播过程中，扮演传播者这个重要的角色的有官方组织传播者和非官方组织的民间武术传播者。

1. 官方组织传播者

官方传播者有国际武术联合会、中国武术协会和国家体育总局等。[2] 为促进中华武术的发展以及推动世界各国家、地区的武术团体组织的联合与统一，国际武术联合会每两年举行一届世界武术锦标赛，[3] 截至2019年，已经成功举办了十五届。纵观历史，世界武

---

[1] 韩红娟. 中国武术在埃及传播的实践与思考［D］. 兰州：西北师范大学，2014.
[2] 张国才. 全球化背景下中国武术的国际化传播研究［D］. 南京：南京师范大学，2015.
[3] 孙鸿志. 中国武术国际化传播的理念构建研究［D］. 苏州：苏州大学，2012.

锦标赛的参赛国家和地区数量逐年增长，到第十五届世界武术锦标赛已有 102 个国家和地区参赛。作为全球范围内最高水平、最高标准的国际型赛事，世界武术锦标赛越来越多地展示出中华武术国际化传播与发展的瞩目成绩，逐年递增的参赛国数量表明，中华武术受到了越来越多的全世界人民的关注与了解，世界武术锦标赛一次又一次的成功举办，对中华武术在世界范围内的传播和普及以及发展都起到了重要的推动作用。在国际武术联合会这样的官方机构组织下，中华武术的发展越发充满生机与活力。

2. 民间武术传播者

尽管民间武术传播者不是官方组织、机构组织，在国外也没有统一的管理组织部门，但是民间武术传播者的力量及对中华武术国际传播的影响还是不容忽视的。目前在境外传播武术的人员主要是华人华侨，其中包括前世界冠军、民间武术拳师、武术爱好者等，由于民间武术传播者其身份的特殊性，不受组织的领导和管理，因而对其传播作用也应一分为二地看待。[1] 在中华武术的国际化传播中存在众多不同性质和不同目的传播者，其中，不乏真正想把中华武术发扬光大的拳师，但是，无奈语言沟通等障碍限制了他们传播武术的广度和深度。还有一些投机取巧之士，只是掌握了些许皮毛技术，就自诩武术名家，声称精通中国国粹，[2] 他们假借教授中华武术的名义，为了生存，美其名曰要传播中华武术，其根本目的就只是

---

[1] 王林. 武术传播论纲 [M]. 武汉：湖北人民出版社，2011：263.
[2] 翟经国. 7W 视角下制约武术国际化传播的因素研究 [D]. 天津：天津体育学院，2017：20.

为了谋利,在国外招摇撞骗,没有真正想要去传播中华武术。

民间武术国际传播者水平参差不齐,动机各异,应该因势利导,根据他们不同的能力和需求,进行针对性的帮扶和协调,以利于武术国际传播的高质量发展。

还有以个人名义传播武术的人。比如,出国留学的留学生或出国工作的武术爱好者和体育老师,以及国外华人华侨等,可能因为留学国家需要或者个人谋生需要、留学国家某个部门的招募等,根据需要以武术教练身份出现,或者为了减轻生活压力而充当了武术国际交流的重要人才。

(二) Says What 传播内容

要想做好武术的国际化传播工作,武术传播的内容是这个传播过程中颇为重要的核心部分。中华武术国际化传播过程中,传播内容的选择,一定要充分考虑受众的文化、信仰、需求、动机、态度,不要以自己的想法去草率地决定传播内容,中华武术国际传播的内容非常广泛,暂且抛开各项传播内容的受欢迎程度以及传播效果。目前,在武术国际化传播过程中常见的传播内容有武术技能的传播与武术文化传播两大类。一般来说,中华武术文化应该是蕴含在武术技能中的,但是,由于各种因素的影响,武术传播过程中的武术文化传播近乎被忽视,对外传播就仅仅局限于武术动作技能的传播与教学。武术动作技能方面的传播内容大体有以下几个方向:攻防技击、防身自卫、健身养生、舞台表演等。传播受众对这些内容较为感兴趣,传播者也乐于仅仅教授这些受众感兴趣的动作技能。久而久之,导致武术的国际化传播内容缺失,效果也大打折扣。文化视野的不同带来观念和认知上的偏差与误解，形成传播障碍。[1]

　　文化就像养料，为运动的发展提供源源不断的营养，唯有如此，这项运动才能不断吸收精华，不断提高升华。就目前的武术国际传播形势以及反馈来看，传播内容大都缺少武术的"韵味"，语言理解沟通障碍和地域文化差异种种因素都导致了受众在武术国际化传播中无法正确理解并体会到武术的"韵味"，这也是阻碍武术国际传播的一个非常重要的方面。这种"韵味"可以理解为中华武术文化自身的"韵味"，正是因为有此种"韵味"，中华武术才能成为代表中国的文化符号，才能是中国博大精深的国粹。在传播过程中，倘若受众无法真正亲身体会到中华武术的"韵味"，那自然无法真正了解武术，而缺少武术的"韵味"，也就是说缺乏武术文化，这样的传播内容就很难助力中华武术更好的发展以及国际化传播。在传播内容的选择上，不论是什么内容，都要注意保证其特色化、标准化，同时也一定要考虑到跨文化传播的影响因素，针对生活学习文化背景经历不同的受众选择安排不同的传播内容，因地制宜地选择教学内容，因材施教地选择教学方法和手段。

　　反馈是武术传播过程中的重要环节，从理论上讲，没有反馈的传播是不完整的传播。[2] 在中华武术的国际化传播过程中，传播受众通过学习后，要尽可能及时地向传播者反馈自己的学习情况、学习

---

[1] 胡凯，王燕．武术的海外传播实证研究：以武术在美国孔子学院的传播为例[J]．山东体育学院学报，2017，33（5）：36-39．

[2] 王林．武术国际化传播的受众研究[J]．首都体育学院学报，2008（2）：14-17．

态度、学习感受以及需求。传播者通过受众的反馈内容，根据不同的受众，尽可能及时地去调整中华武术的传播内容与其传播途径和方法，改善其传播行为，以便取得更理想的传播效果。目前来看，中华武术的传播更像是一种单向传播，大多数传播者只将中华武术的传播内容传播出去就事不关己高高挂起了，或者简单收集受众反馈走个过场，收集起来就抛在脑后，不去思考、反思、调整，依旧按照之前的方法、手段、内容进行传播，从未有意识地去收集受众学习的反馈结果。在武术传播过程中，除了重视传播过程中反馈系统的建立，更需重视的是认真分析反馈结果，这是每一个武术人的责任和任务。建立反馈系统不是面子工程，走走形式，要真正地取得应有的目标与效果。

（三）In Which Channel 传播途径

武术竞技传播是中华武术国内外传播的主要方式和途径，武术加入竞技体育行列后，以体育竞赛为途径，中华武术由此传播到了世界各地。尽管中华武术尚未成功加入奥运会，但是中华武术已成为国内外许多不同规模与形式的综合运动会上的正式比赛项目。因此，这就要求中华武术的传播要"标准化"，只有标准化的武术竞技传播，才会保障并推动中华武术不断规范。

武术的标准化有利于中华武术在国内外推广。参考国内外武术同类型项目的传播实践，诸如跆拳道、空手道、拳击等在全世界普及开展较好的项目，这些项目都具有其自身统一的技术标准，这样的标准化是该项运动国际化传播交流和推广发展的基础。如果说武术竞技传播是中华武术在全球传播的主要方式和途径，那么武侠电影等影视作品的传播可以称为对中华武术传播与普及影响力最大的一种载体。在与全球各个领域的不同年龄阶段的人群对话过程中，会发现中国的武侠电影等影视作品对他们而言是认识打开中华武术大门的启蒙老师，武侠电影里的武者飞檐走壁、隔空取物等夸张的武术动作，是他们对武术的第一印象，也是他们对武术的初认知。也正是因为这些武侠电影的夸张动作的演绎，导致了许许多多国内外民众对武术的误读和曲解，呈现在大家眼前的景象无疑会直接刺激武术受众的眼球，扭曲武术真正的文化与内涵，使大家对武术的认知仅仅停留在影视效果层面。

随着我国科学技术和综合国力的不断提升，全球各国人民对中华文化的好奇心与日俱增。基于这样的背景，孔子学院应运而生，其宗旨是传播中华优秀传统文化。孔子学院这种传播中华武术的新范式，很快就受到学者们的积极关注，于是很多研究者开始研究在孔子学院这个平台上进行的武术教育问题。[①] 在中华武术国际化传播过程中，语言是不可避免的问题，而孔子学院在一定程度上缓解了武术国际化传播的语言障碍。[②] 因此，孔子学院随之成了中华武术国际传播过程中的重要传播基地。

（四）To Whom 传播受众

传播受众指的是各种不同类型的传播活动中的信息接受者，是

[①] 吕旭涛. 孔子学院：武术国际传播新范式 [J]. 武术研究，2017, 2 (12): 165.

[②] 张萍，梁勤超，吴明冬. 孔子学院与武术国际化传播的关联性研究 [J]. 武术研究，2017, 2 (6): 7-9.

一般意义上的读者、听众、观众的统称。① 传播的受众具有量大却分散于不同地域的特点，是无组织、混杂的群体，是随时都在变化着的群体，传播受众之间的关系也是复杂多变的。

在全球范围内，有许多对中华武术感兴趣的群体，他们有在校学生，有工作的职员，也有社会人员，对他们而言，武术是一项有特色且又非常吸引人的一项体育运动。但是，处于不一样的环境和背景中，受众对于传播过程中不同的媒介和不同的内容信息会有不同的态度以及评价。武术作为一项富有中国特色的传统项目，渐渐地被更多的人熟知，被这个运动项目吸引后去接受、学习的受众，在这个传播过程中就要注意对他们的兴趣的保护与尊重，要让有兴趣习练武术的受众真正有意义地参与其中，充分调动他们的主观能动性，这样的传播才更有可能达到预期的效果。

（五）With What Effect 传播效果

拉斯韦尔"5W"模式中，传播止于取得什么效果，在中华武术对外传播过程中，其传播效果最直观地反映出中华武术国际化传播的情况。

近些年来，中华武术伴随着国际间的经济文化交流与发展，逐步走出国门、迈向世界，并在全球体育市场逐渐有了自己的立足之处。不过，中华武术作为在历史悠久、博大精深的中国文化中孕育出来的优秀文化和传统运动，想要真正在国际上站稳脚跟，被世界友人接受并理解，同时在世界各个角落尽可能地去普及、去发展，

---

① 段京肃. 传播学基础理论［M］. 北京：新华出版社，2003：141.

就目前来看仍然存在很多问题。中华武术是我国的国粹,是中华文化国际化沟通交流的代表符号。就目前来看,受影视作品传播的影响,中华武术的国际性传播的范围非常广,但仅追求影视效果,却忽略了武术的内涵,歪曲了武术的本质。这就导致了大家对武术有了扭曲的认知,人人都知道武术,却从未了解其本质。

武术传播的范围很广,而其传播深度还远远不够。众多武者、学者高呼的中华武术的国际化传播,其实最根本的是中华武术文化的国际化传播,也就是说在传播武术基本功等技术动作的同时更要注意传播蕴含其中的文化。有学者认为"文化围城"现象的出现有着特定的社会历史根源和文化根源,本质上是传统与现代文化冲突与交融的结果。[①] 通过文化的交流碰撞,从思想上有了一致的观念,形成了文化认同感,中华武术的国际化传播就是顺水推舟、自然而然形成的。但是,形成文化认同感也不是一朝一夕就可以完成的,跨文化背景下的文化交流,不可避免地会有文化屏障阻碍不同文化之间的交流与融合,只有随着时间的推移以及文化交流沟通的不断深入,有了文化适应,才会逐渐形成文化认同感。对武术有些兴趣的外国友人会在社会上、学校中接触武术、习练武术,但是对于他们来说,最大的问题就是武术教师问题。全球各个地区都有武馆,但是我国对这些武馆的开设要求并没有一个客观可行的标准,导致社会上的武馆鱼龙混杂,武术教练的武术技能与教学水平参差不齐。有一些国人学了一招半式就打着中华武术的幌子在社会上捞金,中

[①] 何迪. 中国武术文化在非洲传播模式的研究 [D]. 北京: 首都体育学院, 2014.

华武术在国际上的传播质量得不到保证，久而久之，必然影响中华武术在世界范围内的传播效果。

（六）Feedback Mechanism 反馈机制

很多研究者认为传播效果是传播要素里的最后环节，但是要想传播效果好，受体的反馈显得非常重要。有了受体反馈，掌握了传播过程中的问题所在，通过再整理传播策略，进行第二次传播，直到传播效果满意为止，这才是我们最终要达到的目标。其实反馈主要反映到武术受教育者身上，或者武术教师也可主动让其反馈。比如一个简单的武术考试，组织一个武术的比赛，或者让学生填写一下对教师和自己的评价表，这些都是教师主动让学生反馈，而学生的反馈主要通过平时的上课过程或者学生主动找老师询问等。所以，想要有好的传播效果，就少不了反馈，建立武术国际传播反馈机制势在必行。

三、武术国际传播理论模型

1982 年，第一次全国武术工作会议提出要把中国武术推向国际舞台，之后出现了众多的武术国际传播方面的研究。[①] 武术国际传播主要由武术国际教育传播、武术国际竞技传播、武术国际商业传播组成。众多研究学者从武术国际传播的策略出发，或者构建武术国际传播模式，但是，国际传播模式研究没有具体到各个传播类型，

---

① 郭玉成，邱丕相．武术国际传播模式的构建［J］．上海体育学院学报，2002（4）：24．

比如教育的传播、竞技的传播、商业的传播等。通过对国际传播模式、当下武术国际传播问题所在、武术国际传播模式的要素、教育传播过程的基本要素的分析与研究，从最基本的概念进行推敲、比较、分析、总结，试图构建出比较合理的武术国际传播理论模型。

（一）传播模型研究及其内在价值

用模型方法分析问题，可以使问题简化，便于较好地解决问题。这是模型最大的特点，也是模型研究问题的优势所在。模型研究的主要特点是：排除事物次要的、非本质的部分，抽出事物的主要的、有特色的部分进行研究；将事物的重要因素、关系、状态、过程充分地突显出来，便于人们进行观察、试验、调查、模拟，便于进行理论分析。[1]而传播模型各要素能使整个传播过程简单化、清晰化，让研究者或学习者很容易把握其整个结构，避免研究过程中的盲目性和片面性。由于模型会把复杂的传播过程简单化，会把起决定性作用的要素呈现在大家面前，因此，这些传播要素的好坏就易于发现，这样会便于研究者提出新的观点和新的构想。正由于模型有如此巨大的好处，世界很多学者就通过模型来分析问题。

（二）武术国际传播理论模型的构建

所有的传播模型都要基于一个最基本的模式，即拉斯韦尔模式，其中提到五个非常重要的传播要素，当然武术的传播也不例外。尽管拉斯韦尔模式具有非常重要的意义，适合每一个传播过程，包括国内及国际传播，都少不了这五个最基本的要素，但这个模式从传

---

[1] 查有梁.教育模式［M］.北京：教育科学出版社，1999：1.

播者开始,到效果结束,其中没有提到受传者的反馈,也没有提及各要素之间的相互作用,不能揭示人类社会传播的双向性和互动性。拉斯韦尔"5W"传播模式传播过程中也没有考虑受教育的文化背景,忽略了受教育者的反馈机制。反馈是控制论中的重要概念,指控制系统把信息输出后,信息作用的结果又返回控制系统,并对控制系统的再输出产生影响,而信息在这种循环往复的过程中,不断改变内容,实现控制。① 可以看出任何一个传播过程,从传播者经过媒介传播到受体,但并没有终结于受体,而是进行第二轮的传播,任何一个完整的传播过程都要有效果的反馈,当然反馈有好有坏,所以传播效果的反馈也是传播过程中一个非常重要的环节。

教育传播的基本模式主要由四个要素组成:传播者(教师)、受传者(学生)、教育信息、教学媒体。每一个教育传播,都在一定的环境下进行,而武术国际传播模型的构建,不但要考虑到教育传播基本模式的四个要素,而且要考虑到两国文化的不同、地域的不同、语言的不同等问题,为构建武术国际传播模型提供方向和提示作用。

梅尔文·德弗勒(Melven L. Defleur)的互动过程模式是在香农—韦弗模式的基础上发展而来的,该模式的主要内容是在闭路循环的传播系统中,受传者既是信息的接收者,也是信息的传送者,噪声可以出现于传播过程中的各个环节。该模式明确补充了反馈的要素、环节和渠道,突出了双向性,被认为是描绘大众传播过程的一个比较完整的模式。但是其缺点也是显而易见的,其传播过程中,

---

① 王林. 武术国际化传播的受众研究[J]. 首都体育学院学报,2008(2):14-17.

传播者和受体在同一个位置，这显然不符合现实生活中的传播过程。其优点是提出了反馈的要素、环节和渠道，突出了双向性，正好弥补了拉斯韦尔模式的单向性传播的缺陷。

要构建武术国际教育传播的基本模式，首先必须明确武术国际传播系统的构成要素，而前文已经对武术国际传播模型的要素进行了分析总结：武术国际传播的传播者、武术国际传播的传播内容、武术国际传播途径、武术国际传播受众、武术国际传播效果、武术国际传播反馈机制。而国际武术国际传播环境虽然不是国际武术传播模式中的一个要素，但不能小觑，武术在国际传播受到当地政治、经济、文化、科技等环境影响。因此，构建武术国际传播模型时一定要考虑国际教育环境的影响。

基于前人理论研究和目前武术国际传播的时代背景，提出如图3-4所示的武术国际传播"5W+双向"理论模型，武术国际传播中，有5个最基本要素：武术国际传播者、武术国际传播内容、武术国际传播路径、武术国际传播受众和武术国际传播效果；有两个重要因素：武术国际传播反馈机制是关键，武术国际传播效果是根本。但是武术国际传播效果还受国际传播环境和武术国际传播反馈机制的影响，反馈机制、传播环境、5个基本要素之间存在互动关系，任何一个因素发生变化，都会引起其他因素的变化。为了提高武术传播的效果，应该着重利用反馈机制，随着传播环境变化而调整传播策略，是本理论模型的亮点。通过传播受众的信息反馈机制，传播者根据受众反馈重新调整策略，选择合适的传播内容、受众和路径。武术在国外的传播和国内具有文化差别，文化价值取向不同，武术的表达方式亦应该有所不同。但是在众多武术国际传播研究中较少提及武术国际传播环境和受众的反馈要素，或者是对其重视不够。武术国际传播效果不但受内在要素的影响，而且受武术国际传播环境和反馈机制的制约，因此，要想提升武术国际传播的效果，既要把握好武术国际传播的内在要素，又要关注武术国际传播反馈机制的灵敏性和传播环境的变化。

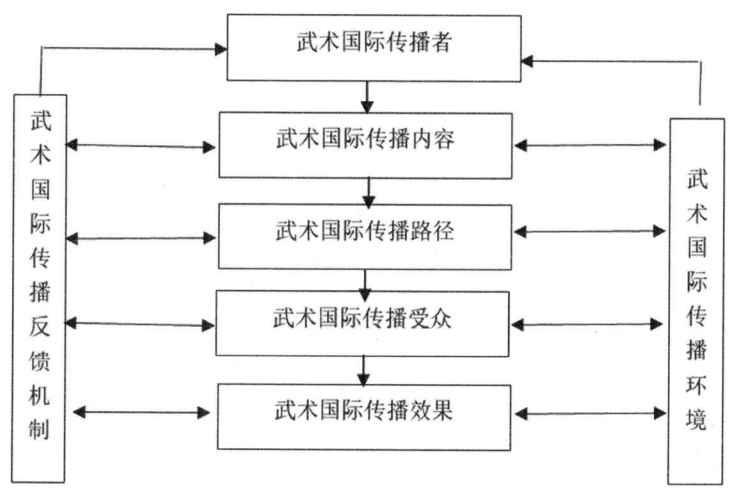

图3-4 武术国际传播"5W+双向"理论模型

四、武术国际传播的构成维度

基于构建的武术国际"5W+双向"传播理论模型，武术国际传播分为7个维度："who"传播者，"to whom"传播受众，"says what"传播什么，"in which channel"传播路径，"with what effect"传播效果，"feedback mechanism"反馈机制，"communication environment"传播环境。在我国武术国际传播中，其中的"5W+双向"分别是指：

(一) 武术国际传播者

新中国成立以来，我国武术的国际传播者主要包括民间武术交流的拳师，官方组织的武术老师、表演队、武术运动员、武术明星，还有国外的华侨、华裔中的武术教练、武术老师、武术运动员以及武术爱好者等，还包括后来的孔子学院外派的武术教练、武术老师，还有出国留学的留学生或出国工作的武术爱好者和武术老师等，都有可能因为留学国家需要或者个人谋生需要、留学国家某个部门的招募等充当武术国际交流的重要人才。

(二) 武术国际传播内容

我国武术历史悠久，历经几千年的发展，形成了一套具有中国文化特色和传统的技术体系和礼仪规范。在武术国际传播的过程中，传播的内容至关重要。据调查，我国武术国际传播的内容主要是太极拳、武术竞赛套路、少林拳、搏击、洪拳等拳种，其他拳种也有零散的传播，但是不够系统，在国外比较受欢迎的是太极拳、少林拳和武术竞赛套路等。

(三) 武术国际传播路径

传播路径是武术国际传播的主要依托。根据研究发现，目前武术的国际传播路径主要包括以下几个方面：中国国籍的传播者主要是通过孔子学院外派武术老师、留学、国际交流和合作、国际交流和传播等工作需要，还有华侨华裔利用个人在异国他乡的生活便利，系统地或者零散地传播武术。

（四）武术国际传播受众

传播受众是武术国际传播效果的主要载体，也是武术"走出去"和"住进去"的重要保障。武术有129种拳种，很多拳种已经走出国门了，发展得比较好的拳种有少林拳、太极拳和武术竞赛套路等，武术国家传播的受众从青少年、青年到中老年人群都有，拳种不同，传播受众也有所不同。

（五）武术国际传播效果

武术国际传播效果是我国武术国际传播好坏的重要体现。通过对武术国际传播者的访谈得知，在不同的国家，武术国际传播的效果好坏以参与人员的多少、传播的次数、传播受众国家的武术氛围等为参考。知名传播者的武术传播因为名人效应、教学经验等因素，他们的武术传播的效果较好；一般的传播者，发现在韩国、坦桑尼亚、意大利等国家发展不是太好，这与这些国家的经济发达程度、文化排斥程度等相关，如韩国的经济比较发达，但是因对中国武术文化排斥的民族性导致武术传播得很不好；在美国、德国、马来西亚、日本、印度尼西亚、新加坡等经济相对发达、武术文化基础好的国家，传播的效果相对较好，传播者在这些国家的身份地位高、经济收益高，被传播受众所尊重和敬仰。

（六）武术国际传播反馈机制

基于对武术国际传播者、研究者、管理者和旁观者等的访谈，发现武术国际传播的反馈机制相对比较落后，反应比较迟钝，尚未受到政府部门以及传播者的高度重视。基于此，建立武术国际传播灵敏的反馈机制非常重要，通过在国外的传播者及时地了解国外受众的反馈，能够及时地调整传播对策和方案。

（七）武术国际传播环境

武术国际传播环境是指武术国际传播所在国家和地区的政治、经济、文化和社会环境等，是武术能否被这个国家接纳的重要考量因素。比如说，韩国是经济相对比较发达的国家，武术的国际传播可能会比较好，但是实际情况正好相反，这个就与韩国的文化有关。

C1是国家太极拳冠军，技术能力强，也非常想通过在韩国留学的机会传播武术文化，在访谈中她特别提到，"韩国人特别自信，认为他们本国武术文化跆拳道就很好，不会学习太极拳的"，（C1口述，2021年11月8日）她的教授虽然表达了对她的太极拳表演很"喜欢"，也希望让她"教太极拳"，但是她在韩国4年里，教授宁愿和她一起散步，一次也没有跟她学习太极拳，让人难以置信。还有研究者反馈，在韩国发现"外来的和尚不好念经，练习人数较少"。（R8口述，2021年11月16日）

综上，武术国际传播效果的好坏不仅受传播者、传播内容、传播路径的影响，还受武术国际传播的环境和反馈机制的制约，反馈机制、传播环境、5个基本要素之间存在互动关系，任何一个因素发生变化，都会引起其他因素的变化，进而引起武术国际传播效果的变化。

五、小结

中国武术国际传播过程中，不但要注重武术国际传播者、武术国际传播内容、武术国际传播路径、武术国际传播受众、武术国际传播教育效果这五个要素的内在关联，而且要充分把握并运用好双向传播模式中的受众反馈要素，并注意国际教育环境的影响因素，充分考虑七者之间的互动和关联是武术国际传播得以顺利开展的关键。

在武术国际传播中，不但要注意每个要素的内在关联，而且要时刻注意受众的反馈，选择最合适的传播方式、传播内容。在武术国际教学中，要根据学生的年龄、兴趣来决定所教授的具体内容以及采用的教学方法和教学策略。国家体育总局应对武术国际教师加大培养力度，培养专业的武术国际教师，同时注重武术教师的国际教学能力、技能水平、学习能力的培养，而且重视武术教师对中国武术文化的阐释能力的培养和提升。

第四章

新中国成立以来武术国际传播现状及问题

一、基于理论模型的现状分析

根据第三章武术国际传播理论模型，梳理自新中国成立以来我国武术的国际传播现状。

（一）武术国际传播者：参差不齐

新中国成立以来，我国武术的国际传播者主要包括民间武术交流的拳师，官方组织的武术老师、表演队、武术运动员、武术明星，国外的华侨、华裔中的武术教练、武术老师、武术运动员等，还包括后来的孔子学院外派的武术教练、武术老师，在国外居住的华侨华裔、出国留学的留学生、在国外工作的武术爱好者和武术传承人等。根据访谈的传播者研究中采访到的传播者身份如表4-1，也可以印证武术国际传播者的身份。

武术集技术与文化于一体，在对外传播时对国际化人才提出了极高的要求。① 新中国成立以来，我国的武术国际化传播人才呈现多元化特点。

表4-1 武术传播者身份一览表

传播者	国际传播者身份	访谈方式	访谈时间
C1	韩国留学生	微信	2021-11-8
C2	孔子学院武术老师	面谈	2021-11-9
C3	印度尼西亚省级武术教练	微信	2021-11-16
C4	地质勘探队工作人员	微信	2021-11-15
C5	孔子学院武术老师	面谈	2021-11-10
C6	××太极拳传承人	微信	2021-11-14
C7	××武术传播公司董事长	微信	2021-11-15
C8	学校国际合作项目武术教练	微信	2021-11-12
C9	××太极拳学校校长	面谈	2020-7-11
C10	××武术学校校长	面谈	2020-7-12
C11	××太极院院长	面谈	2020-7-11
C12	××太极拳传承人	面谈	2021-12-10

---

① 姚丹，李士英．中华武术国际化高质量发展的现实挑战与时代构想研究［J］．沈阳体育学院学报，2021，40（4）：127-137．

续表

传播者	国际传播者身份	访谈方式	访谈时间
C13	××太极拳传播公司董事长	微信	2021-11-15
C14	××太极拳传承人	微信	2021-11-15

武术国际传播者对目前武术国际传播的传播者理解各不相同。有传播者认为："合适的专业的老师比较少，教练的素质必须得高，传播者的素质很关键，传承者的素质也要提高。""印度尼西亚武术官员来国内交流之后，希望国内派教练去。这些传播者具有国内的运动员水平，有带印度尼西亚国家队的能力。""他有没有经过国内培训？""没有，但是以前我在省队的时候，经常有一些外国人来交流，如意大利人，我当时只不过是一个在役的运动员。"（C1口述，2021年11月8日）

对于武术国际传播的内容和形式，有的传播者认为，武术国际传播不可强求，应该将传统武术和短视频等形式相结合。"传播就是想让更多的人了解它，靠短视频是一个非常好的手段；但是如果想要传承下去，还是我们的传统方法比较好，也可以两者结合一下。""教练要思考往哪方面培养，是体验一下中国传统文化，还是想把他塑造成什么样的人。""以后你教他们武术，至少要有一点惊喜感（不是那些老旧枯燥的内容）。"（C2口述，2021年11月9日）

有的传播者认为武术国际传播者的素质是第一位的，其次是语言。"对于传播者的资质，个人素质要求必须高。首先，必须是一个真正的同志。然后还得会教孩子，懂孩子的心理，另外还要注意你的语言表达，武术国际化传播最大的问题就是老师。老师必须是个多面手。"（C5口述，2021年11月10日）

对于武术国际传播者的个人技术技能和教学能力的要求也比较高，并且要求能够传播正能量。"第一是技术，技术是否先进？技术上的训练是否科学？选材是否顶尖？还有你的知识，包括营养、康复是否都到位？满足这些才可能是顶级的高手。""一个拳师应该具备良好的综合素质，包括礼仪；我觉得拳师对自己的身份位置要拿得准、摆得正。""真正爱太极拳，我是从小生活在C地，爱太极拳肯定是我们拳师发自内心的。""技术也是（要求）过关的。"（C9口述，2020年7月11日）"你是否能传播正能量的东西。""我们都要去找一个突破口，找一个点，让他们更能接受我们的东西。""咱们中国出去的拳师教什么内容，当地的人都是比较喜欢的，他们尊师重道，无论老师教什么，他们都会非常用心学。"（C8口述，2021年11月12日）"培养师资需要把教练培养得好，能讲出东西来，叫大家都喜欢。""我们提高它的价值，一个是从技击上培养，一个是从健身上，一定要在最短的时间达到最好的健身效果。"（C11口述，2020年7月11日）

对于国际学生，因为文化背景不同，对武术的理解能力和领悟能力有限，在武术国际教学中也应该因材施教，想办法解决形似神不似的问题。"印度尼西亚学生对武术动作的理解比较困难，同样一个动作，他们只是摆架子，缺少了武术真正的内涵，'精气神'体现在什么地方，停在哪里，不清楚，这就是一个'框架'。"（C3口述，

2021年11月16日）"应该有起有落，是个圆，这种拳的练习方式是领落架；另外，要塌腰翻臀。""和式太极拳，它练习的理念是轻灵圆滑，中正自然，阴阳平衡。"（C12口述，2020年7月13日）

　　问及武术国际传播者为什么要传播武术时，他们认为是一种文化传承，随着阅历的增加，成为一种民族责任。因此，他们认真学习武术套路和器械，以促进武术国际化传播的深度。"小时候感觉太极文化技艺就是一种家庭传承的责任和家族传承的责任，后来变成了一种民族的责任。每到一个阶段，心胸、思想都会随之变化，如果你提高不了，你可能就被淘汰了，人生就是个'大熔炉'，社会就是个'大熔炉'，所以在每个阶段每个层次都要注意观察和学习，这样才能不断进步。""要培养一大批高素质的太极拳教练，高素质不光是技术水平高，一定要文化素质高，理论水平高，交流能力强，一个人才能站住脚。要想对外宣传，还要再加上一门外语，这样才是一个优秀的太极拳教练。"（C13口述，2021年11月15日）"陈氏太极拳各种套路器械推手样样娴熟，所学功夫能够体现太极拳的特点，动作刚柔相济，圆弧自然，快慢相间，浑然一体。尤其擅长陈氏太极双剑，她演练的太极剑法布局合理，结构严谨，剑法清晰。如行云流水蛟龙出海，蝴蝶翩翩起舞，顿时有盘龙卧虎的雄威，表现出太极的特色和丰富内涵，表现力极强，运动强度更大，风格更为独特，潇洒脱俗，高雅飘逸，被当地报刊誉为'双剑女皇'。"（C14口述，2021年11月15日）

　　近些年，武术国际传播遭遇了一些危机和障碍。武术管理者认为，要从国家的角度，从政治的角度解决武术国际传播的问题。"从国际传播的角度，武术确实遇到了一些障碍，需要动一些脑筋去做一些事情。""传播武术就是一个不错的角度，我们可以统一规则、套路。在民间传播的时候，我们应该去做一些努力和改善，特别是学校的交流。"（M1 口述，2021 年 11 月 9 日）

有的研究者认为武术应该讲究整体传播，不仅是武术技术的传播，不仅包括竞技武术传播，更应该有传统武术；除了武术技术交流外，还应该有武术文化的交流，武术技术交流结束后，应该留下一些文化痕迹。"我发表的一篇文章里面的观点就是整体传播。从西安、上海、北京出去的武术国际传播人员，人走了，武术随之消失了。要建立传播关系，这个问题应该由国家体育总局、教育部考虑。大部分学校武术交流也是类似的，大家各自做自己的，根本就没有形成一个体系；还有包装，包装好，我们再出去传播，效果就会好很多。中国武术体系规范化技术整理，可用于专门选拔人才，使人才对相关的技术体系进行学习，他们在培训的时候代表的是国家形象、国家武术技术。""讲'整体性传播'，即人、技术要通过著作、影像将礼仪、文化、技术等进行传播。国家层面上，国家体育总局武术管理中心的段位制推广只在中国，还没有带出去。选拔人才时，应该专业、严格，出去传播的时候代表国家的形象。"（R6 口述，2021 年 11 月 17 日）"纯粹竞技武术也是很有问题的。目前，传统武术进去了，但是没有精雕细琢，没有达到理性的接受，还是很难有传统武术的味道——竞技体育思路和传统文化脱钩。""很担忧（武术的发展），我做非遗文化研究时，曾到山区调研，发现老的东西都已经没有（了），看到的东西已经被现代体育影响，没有好好传承下来。为了表演，一些非遗文化被改得四不像，毫无优点。存在的老拳种，因其有特色，方可生存，否则就会被同化掉。"（R7 口述，2021年 11 月 17 日）

有的研究者则认为，有些国家对武术很排斥，国外很多人认为武术很能打，外国人对所谓的谁是正宗的武术不感兴趣，感兴趣的是武术对人类健康的作用和功效，因此，应该将武术本土化，纠正外国人的一些偏见。

"传播主要还是在侨胞范围内进行，传承亦是如此。2013 年，在韩国龙仁市传播武术，'外来的和尚不好念经'，练习人数较少。"（R8 口述，2021 年 11 月 16 日）"弘扬中华武术文化，要从思想上解放，是对文明向上的共同体的承诺。像《少林寺》这些电影非常有名，已经传到国外去了，外国人已经有一个刻板印象，认为我们中国武术就是这个样子——'能打'。"（R1 口述，2021 年 11 月 10 日）"教师在国外孔子学院的教学中，不要过多涉及该拳产生、形成的文化基础，要注重实际动作技术的需要。如单一动作讲'拆招'，让外国人明白用法，组合或套路练习讲拳理、基本技法等。注重传统武术、原汁原味的武术传播，是未来武术传播的发展之路。"（R9 口述，2021 年 11 月 15 日）

"我们研究传承人，研究谁是正宗的，谁的技术好，外国人就始终有一种感觉，即你说来说去，最后我还是你的徒子徒孙！其实用不着这样子。我们更多地去研究太极拳对人体健康所产生的作用，或者说它的科学原理，可能人家会觉得它们有作用、有好处，才更加认可。在技术传授问题或者做项目推广时，尽可能地做到本土

化。"（R10 口述，2021 年 11 月 18 日）

对于目前武术国际传播者，一些旁观者认为，应该建立规范，包括武术规则、技术动作，先做好自己，再利用宣传手段，把武术顺利地"送出去"。

"应该规范一点，严谨一点或者更加注重一下武术的规则内容，技术动作要求要更为严格。"（B1 口述，2021 年 1 月）"太极拳在国外被认可，签协议，我每年几次到国外传授。我教八卦拳、中国式摔跤。"（M2 口述，2021 年 11 月 9 日）"很多老师有会得多，也有老师会得少，缺乏一个系统的武术理论。"（M4 口述，2021 年 11 月 17 日）

（二）武术国际传播内容：五花八门

基于文献研究和口述历史，发现我国的武术国际传播的内容主要包括少林拳、太极拳、洪拳、咏春拳、散打、武术传统套路和武术竞赛套路，还有猿仙通背拳、形意拳、八卦掌等拳种。总体来讲，传统武术是民间武术国际传播的主体内容，竞赛武术套路是官方传播的主要内容，武术国际传播内容是"两条腿"走路。但是目前，从对传播者、研究者、管理者和旁观者的访谈发现，国外最喜欢的传播内容还是传统武术，而"被操化"和标准化的武术套路只适应国际武术比赛的需要，在民间传播，中华传统武术才是根本。对传播者的访谈文本发现武术国际传播的内容如表 4-2 所示。

表 4-2　武术国际传播内容一览表

序号	国际传播内容	地点
C1	太极拳	韩国、印度尼西亚
C2	散打、咏春拳、搏击、太极拳等	坦桑尼亚
C3	武术竞赛套路等	印度尼西亚
C4	猿仙通背拳	非洲
C5	太极拳、洪拳、少林拳、八卦拳	爱尔兰科克大学
C6	太极拳	日本
C7	少林拳	法国、比利时、卢森堡、德国、印度尼西亚等
C8	太极拳	意大利
C9	太极拳	日本、韩国、新加坡、马来西亚、巴西、阿根廷、智利、秘鲁、乌拉圭、英国、法国、德国、意大利、瑞士、希腊、波兰、捷克、西班牙等20多个国家
C10	太极拳	美国、英国等
C11	太极拳	新加坡、美国等
C12	和式太极拳	美国、韩国、马来西亚、意大利、澳大利亚等
C13	太极拳	日本、美国、马来西亚、法国、瑞士、意大利等

续表

序号	国际传播内容	地点
C14	太极拳	美国、德国、澳大利亚、韩国等

对于武术国际传播的内容，有的武术国际传播者认为传播内容中应以武术技术教学为主，理论教学为辅。在官方执教的传播者主要教授武术竞赛套路，其他人则以传统武术套路为主。"除了教（太极拳）技术之外，很少教初学者学员太极拳理论，因为太极拳理论对于初学者来说意义并不大，初学者需要很长的时间学习适应，如果一开始就听不懂，学员就会觉得这个东西很难，不愿意学。""其实，我去印尼的时候教的是青年队，也就十几岁的大学生，年轻，我也接触过那种年龄大的，但是他不是以这种教学传播为主。"（C1口述，2021年11月8日）

"教他们少林拳，主要是教技术，没有理论方面的涉及。""教学内容方面，我就想好好把全面的拳理进行规范；就按那个段位制，武术套路难易度进行分级。"（C2口述，2021年11月9日）

"我主要是教竞技套路，主要是带他们比赛，因为带的是省队，主要教国家竞技的项目，咱们国家有规定的第1套拳、第2套拳、第3套全新一套、自选加难度加规定动作都还是我带的。"（C3口述，2021年11月16日）"猿仙通背拳是白猿通背拳的分支，在几内亚时，我把中国武术带到了非洲。我主要教他们猿仙通背拳。后来因为工作需要，去坦桑尼亚，也教了拳。"（C4口述，2021年11月

15日）

在武术国际传播的途径方面，有的是通过孔子课堂，有的是通过武术国际项目，有的是通过高校国际项目进行武术交流。

"日本的一个园区里有两个项目，他是中国人，而且中国人也愿意体验书法和太极，就是因为这个项目，我去表演了太极拳。""成立了一个太极拳公司，就是私教课，但是在日本上私教的人不是很多。"（C6口述，2021年11月14日）

"6岁跟随祖父、父亲习练武术、陈式太极拳，荣获焦作市陈式太极拳冠军后，开始帮着家里带儿童训练，那时候算是正式开始搞太极拳教学。国外教学是2019年到意大利，通过河南理工大学的校际合作项目到米兰进行三个月的太极拳教学工作。""我主要的传播拳种是太极拳，有陈式、杨式，国家规定套路，国家规定简化套路，太极拳八法五步等。"（C8口述，2021年11月12日）

武术的传承地C地，该地武术与其他地方不一样，独具太极拳特色，太极拳传统思想有精华也有糟粕，需要根据时代变化而有所调整。

"C地太极拳，跟其他太极拳在风格上完全不同，因为C地太极拳真正体现了太极拳的刚柔相济，快慢相接。""我们四个，还有北京D老师，我们都是教授陈氏太极拳，20世纪80年代到90年代我们几个几乎每年绕地球转一圈。""他们说China功夫，都知道是功夫，上升到中国传统文化了。而在以前，这是一种健体的运动，而现在上升为传统文化，还有健身、防卫的作用。"（C11口述，2020年7月11日）"太极拳传统思想不能变，我觉得这种想法本身就是糟粕。什么是太极？太极就是变化，阴阳变化，失去变化那就不是太极了，是死的。所以我说变必须得变。""少儿太极，得有个规划，三岁到四岁的时候，注重协调性；稍大一点发力，注重力量型训练；再大点，注重灵敏性、平衡性，这个年龄阶段突出他的协调性，突出他的力量性，突出他的平衡力，突出他的柔韧性。根据孩子的身体发育状况、生理特点来编这些东西，就合理了。不是随便组合的。"（C9口述，2020年7月11日）"和氏太极拳，它的理念是轻灵圆滑，中正自然，阴阳平衡。"（C12口述，2020年7月13日）

不同的地区根据武术发展的整体情况采取不同的武术发展战略，战略在不同时期也有所不同，完成的历史任务也随时间而调整。

"H省集中发展两拳'少林拳和太极拳'。2015年调查流传百年以上的拳种，A市还有50多个，而主要打太极拳名片，国家需要（凸显其）健身功能。但是，健身功能发挥作用的前提是动作正确。""A市委还是主打太极拳，给予优惠政策，环境宽松，营造练拳大环境，大力宣传太极拳。濒临灭亡的拳种有很多，其他拳种的人也改练太极拳，这种情况不太正常，但也很无奈。""武术之乡不能都是太极拳，要挖掘和整理各种拳种。我自己想推广八卦拳很难。"（M1口述，2021年11月9日）

"改革开放的时候，走出去了一批一些老的武术家，他们在海外有一定的影响。在海外的这些人，他们是喜欢我们中国传统的，不管是形意拳、少林拳、太极拳，还是南派拳法。我觉得传统武术是一个非常能走出去的传统文化。国家应该对传统武术加大宣传力度。我感觉传统武术基本上都是靠个人能量走出去的，很少真正的有公

司去推动扶植的。"（M5口述，2021年11月9日）

"我们精心组织了一场接待活动，让他们进行表演，当时以我们4个人为主，还有一帮学校的小孩子、小青年。那时候我们都是中年人了，30多岁，不知道什么叫电视，连黑白电视都没有，卫星电视更是不知道。表演结束后，人家回去把它剪辑，放在卫星电视上播放，全世界都看到了，一下惊动了世界各地的武术团体。""1979年访问日本，（老架）一路二路，我们俩又表演推手。""先是在日本、韩国、马来西亚、新加坡等这些亚洲国家。1995年就去美国，然后又往欧洲跑，所以现在到欧洲也受到了很高的待遇，2004年又受老布什的邀请，给他带了两套太极的表演服，然后给它绣上有太极拳馆LOGO，这个太极图的服装后来又传播到整个大洋洲、太平洋等。""我在走出去以后就感觉到，靠一个人、一个家庭、一个团队，编成教材，然后拍成教学片，从录像带到VCD再到DVD，现在又到网络教学，然后把这些文字性的东西整理出版，是一种非常好的传播方式。所以，我的作品有58个版本，9种语言，在美洲、亚洲、欧洲都有出版发行。"（C13口述，2021年11月15日）

武术国际传播十分重要，但是到目前为止，尚未形成健全的体系。知名传播者自幼学习武术，代表地方和国家为促进中外文化交流而努力；有的武术传播者认为，外国人喜欢中国武术是因为武术独具特色的技术体系和自身特征，但是目前中国武术本身尚未搞清楚自身规律，因此，传播出去的武术难免存在问题。也有的传播者认为传统武术之所以受外国人喜欢，是因为其稳定性；而竞技武术则因为稳定性差，传播时受到不同程度的影响。

"第一，武术的传播尤其是传统武术的传播，我觉得这是一个大课题，内容上缺乏一种真正意义上的体系建构，起码现在是没有的。"（研究者 R2 口述，2021 年 11 月 15 日）"健身武术用来进行交流沟通和强身健体的趋势越来越明显。要尊重时代的趋势，它不可能还是原来那种生死格斗之术，但是它的技击功能是不能缺少的，它可以淡化，但是不能缺少。"（R3 口述，2021 年 11 月 12 日）

"不同的声音让他们更加喜欢我们的武术。身体技术体系要有特色，身体技术体系的建构，不需要多余的语言，任何一个民族的东西，用身体语言就足够了，甚至不需要语言都可以。凭他的身体技术体系，就代表了一个东方的特有的文化认知观。（利用）人类共性的东西来触发（对武术的认同），因为身体技术全世界都不一样，技术体系下，人们就会接受。被人接受了，（武术）才能够有生命力。""最大的失败就是盲目修改，（修改到）最后外国人不喜欢、中国人不认可，已经不是中国的武术了。""武术国际传播的效果与个人的综合素质有很大关系。"（R4 口述，2021 年 11 月 17 日）

"武术套路与散打本是一体，是完整的技术体系的一个组成部分，但现在已是各行其道，让人觉得是两个项目，其实不应该如此推广。我们的武术传承、传播：其一，只有动作数量，只求动作规格，技术丢掉了原技法，作用价值丢掉了攻防。其二，失去拳种本意，任意创编动作，随意性和舞蹈化普遍。这导致国外武术把中国武术当作体操、舞蹈等。中华武术国际传播给人的感觉发生了变化。早年感觉：了解中国文化，对中国武术（功夫）充满敬畏感，注重拜师仪式，寻根问祖。现在感觉：随意性明显多了，学练的目的是

有意思、健身娱乐。"（R9口述，2021年11月15日）

"6岁开始随父亲学习太极拳，师承太极宗师，女子太极拳习练者中的佼佼者，1985年走出国门与当时国内太极大师、中国太极拳发源地代表，赴日本东京开展文化交流活动，受到日本武术界的圣战和天皇弟弟的接待。1990年开始了传承太极拳的生涯，先后受邀到山东曹县、洛阳、商丘等武术学校传拳授艺，后又被广东、广西、江苏、黑龙江等20多个省的太极拳团体邀约传授太极拳。在美国、德国、澳大利亚、韩国等国家开展太极拳交流活动，表演太极拳剑31套，被各国电视广播报刊报道。"（C14口述，2021年11月16日）

"我们中国武术在国内的发展具有不稳定性，我们常常会根据领导的想法说改就改，缺乏长远的规划，所以让国外的人感觉到，怎么你们今天这样变，明天那样变。而很多国外的人喜欢传统武术就是因为我们的传统武术相对来说是稳定的，它得从自身的技术、特点以及规范出发，不会根据什么规则随时改变，而是保持自己的传统特点。但是你要在国际上推广，国外的不少爱好者也好，他对你的行政命令，和我们国内的概念是不一样的，更多的是武术本身发展的客观规律和你传承的主要的一些基本要素，不会因为一份文件或者来一个行政命令，就马上改变。""无论是少林还是太极，武术确实是一个大概念，是一个比较空的概念。很具体的技术问题，怎么让他人接受它的理论的问题，这是需要有方法的。"（R10口述，2021年11月18日）

俗话说，"当局者迷，旁观者清"。有的武术国际传播的旁观者则认为武术国际传播的目的是弘扬中华武术精神,让更多人了解和认识武术;有的旁观者认为,武术国际传播之前,应该先做好自己,效果方可保证;也有旁观者则认为武术国际传播主要靠影视或者纪录片,应该加强武术国际传播的力度,调整武术国际传播的方式和手段。

对于目前武术国际传播内容,有的旁观者是这么理解的:"目标是让更多的人认识武术,了解武术,从而达到强身健体,弘扬中华武术的精神文化,可以增强武术的趣味性和简单化,然后加强武术文化的自信,以便更好地传播武术。"(B6口述,2021年1月)"在国际领域上传播武术,要注意传播对象的文化,文化的差异导致了传播方式及内容的改变。措施规范引导海外文化协会俱乐部,定期提供高质量培训,加强国际合作,拓展推广渠道。"(B7口述,2021年1月)

"国际传播是好事,要先做好自己,再传出去,方可完美。"(旁观者B20口述,2021年1月)"中国武术大多是以影视或者纪录片的方式在国际上传播,有很多人都是通过这种方式来学习和了解武术的。"(旁观者B30口述,2021年1月)"武术广泛传播需要新闻和影响。李小龙的电影在世界引起了无数热潮。我们同样可以拍中国武术元素的电影,靠你我他大力宣传。"(B8口述,2021年1月)

(三)武术国际传播路径:呈现窄化

武术国际传播自新中国成立以来主要以官方、民间和个人途径为主,20世纪七八十年代,以民间武术交流为主,再后来,国家体育总局、外交部、文化和旅游部等通过官方和其他国家进行武术交流,还有一些武术爱好者、武术老师、武术传承人通过官方途径在国外进行武术交流和武术传播。武术传播者的传播路径如表4-3所示。

表4-3 武术国际传播路径一览表

序号	国际传播路径	地点
C1	留学、外派	韩国、印度尼西亚
C2	孔子学院	坦桑尼亚
C3	外派	印度尼西亚
C4	地质勘探工作	非洲
C5	孔子学院	爱尔兰
C6	国际合作和交流	日本
C7	国际合作和交流	法国、比利时、卢森堡、德国、印度尼西亚等
C8	国际合作和交流	意大利
C9	国际交流和传播	日本、韩国、新加坡、马来西亚、巴西、阿根廷、智利、秘鲁、乌拉圭、英国、法国、德国、意大利、瑞士、希腊、波兰、捷克、西班牙等20多个国家
C10	国际交流和传播	美国、英国等
C11	国际交流和传播	新加坡、美国等
C12	国际交流和传播	美国、韩国、马来西亚、意大利、澳大利亚等

续表

序号	国际传播路径	地点
C13	国际交流和传播	日本、美国、马来西亚、波利尼西亚、法国、瑞士、意大利等国
C14	国际交流和传播	美国、德国、澳大利亚、韩国等

武术国际传播者参与武术国际传播的路径多种多样，有的是依托一个平台如武术协会；有的是熟人介绍；有的是通过孔子学院；有的是因为工作需要，在工作之余施展个人的专长；有的是依托公司；有的是依托国外相关组织邀请；有的是在国内中外文化交流的武术表演队中展示武术文化；有的是依托国内武术交流项目。武术传播的路径不同，武术国际传播者的境遇也各自不同。

"我有一个依托的平台，武术协会给予邀请函，然后以国家队教练的身份去。"（C1口述，2021年11月8日）"2006年带山东省的省队，2012年带了一位武术教练。2012年去印度尼西亚，当时去的时候是省队的老师介绍去全运会，开完全运会之后我就回去了，回去之后就是正好上大学。2012年11月之后带队成绩还不错，他们还比较欣赏，所以下次他们需要教练的时候，又联系我，我又过来代课，就这样断断续续到了现在。"（C3口述，2021年11月16日）

"我是爱尔兰孔子学院派遣去的，这个孔子学院在全国是办得最好的，当地人对我还比较喜欢，大学、中学、小学、孔子课堂都有，有教汉语、中国武术的教师。"（C5口述，2021年11月10日）

"从时间来讲，我是比较早一批出去的，因工作需要到塔尼亚去了。""平时我就练一下，几内亚有几个官员看见了，然后我就在那里教了猿仙通背拳。"（C4 口述，2021 年 11 月 15 日）

"14 岁那一年，家里来了一些外地的学员，然后师父就说，以后他们学缠丝劲的时候我直接来教学，所以我 14 岁开始就是协助师父教学了。2002 年我和我的大学同学在香港建了一所太极拳传播学院。""一个叫日华国际集团，不知道现在还有没有，那个时候是日本人和一个中国人叫陈立夫的投资了日本一个公司，这个公司做两方面业务，一方面就是做肥料，另一方面是跟中国的农业合作文化交流合作，我是这个旅游公司的一个负责人。"（C6 口述，2021 年 11 月 14 日）

"在 G 武校，毕业之后就留校发展了。后来，进行国外传播。曾代表少林寺去韩国演出。2000 年开始，在欧洲待了 8 年。"（C7 口述，2021 年 11 月 15 日）"国外教学是从 2019 年开始的，在意大利，通过 H 省理工大学的校际合作项目到米兰进行三个月的太极拳教学工作。"（C8 口述，2021 年 11 月 12 日）

一些知名的武术国际传播者自从改革开放以来，在政府的重视下，受邀于国外团体，在世界各地巡回培训，其效果也比较好。

"20 世纪 80 年代开始，改革开放以来已经开始'乒乓外交''太极拳好'，主要是外交渠道，访问中国，武术慢慢走出去。""同他国建交是国际外交渠道，'一带一路'亦是人文交流的重要载体。就传播中华文化的作用，孔子学院也是一个渠道。""（因为在武术管理中心）很少出国交流，一方面是办理手续比较多，另外，太极

拳被置于旅游进行文化交流，更多的是旅游局和文化局出去交流。"（M4 口述，2021 年 11 月 17 日）

"国外团队要求要去发源地看看。国外的太极拳组织、团队有这种要求之后，省里这些高级的部门也开始重视、关注 C 地。我们团队能够招到国外学生，是因为我们每年几乎有半年在国外，把他们吸引过来的，在那里我们都熟悉了，所以他们愿意跟着我过来。也等于说我们在外面已经铺设、建好了网络。现在有 20 多个国家有我们的分院，共设 30 多个分院了。后来我们总结发现，这些国家都是经济发达国家，贫穷落后的国家没去过，它没这个需求，温饱、安全是它的第一需求。非洲我们还没去。越南和印度这两年有邀请，但我们还没有去过。北美洲就是加拿大、美国，然后南美就巴西、阿根廷、智利、秘鲁、乌拉圭这几个国家。欧洲就多了，如英国、法国、德国、意大利、瑞士、希腊、波兰、捷克、西班牙，因为去欧洲很方便。"（C9 口述，2020 年 7 月 11 日）

"2018 年就一次教拳是 2018 年 10 月。我是 2016 年就跟他们说，2018 年以后我哪也不去。"（C10 口述，2020 年 7 月 12 日）

"日本想要邀请 C 地的老师到日本去访问，第一次去日本是我和 I 老师俩人去的，第二次去和 L 老师、M 老师、我们县的书记，以及 B 县（太极拳发源地）领导。日本去了 30 多次，美国去了 30 多次。"（C13 口述，2021 年 11 月 15 日）

"我教的学生有几十个，他们在欧洲组织成立了联合体，就像一个连锁店形式；后来我在瑞士成立了一个国际武术联合会。其实连锁的机构，不是官方的途径，就是渠道，是一个社会渠道，就是用

普通社会建立的关系。"（M5 口述，2021 年 11 月 9 日）

有的管理者认为武术国际传播是三条线：武术竞技套路、民间拳种和华人华侨传播。有的研究者认为武术国际传播以影视传播为主，塑造了武术能打的形象，建议以民间交流为主，多管道传播为辅的形式。

"武术国际传播有三条线：我觉得更多的是竞技武术或者带一些套路，中国武术协会、各省武术协会员中心其实是一条线。第二个就是民间拳种，广东、福建在做得好一点，然后就是 H 省的太极拳和其他各个地方的传统拳种。比较有代表性的是少数的，它还没有形成一个很大的规模，当然目前太极拳相对来说在国外更受欢迎一些，而且结合太极拳的练习的健康研究，和体育融合的研究也比较多一些。第三条线其实还是华侨华人。他们在国外的生存和生计要求他们做一些零星的传播。""美国相对来说经济比较发达，美国人交流和学习这方面没有东南亚和亚洲的一些国家做得那么好、那么普及，或者了解得那么深刻；但是美国人有一种好奇，即通过武术了解中国文化，了解东方文化。经济上比较落后的国家和地区、传播效果也差一点。"（M11 口述，2020 年 7 月 13 日）

"首先，武术往外传播的时候，基本上以电影这种方式去展示。大家对少林寺的印象或者对中国武术的印象可能就是能打。所以，在武术国际传播的时候，就可能会遇到一些尴尬，比如带他们打才算可以，才愿意去学。不能打，他们就认为和原来不一样了，变得不好了，会影响到它的传播。其次，武术传承可以是百花齐放，多种管道同时进行。要以武术为主题，推进多种方式齐头并进。"（研

究者 R3 口述，2021 年 11 月 12 日）

还有的武术研究者认为，武术国际传播受阻，主要是国际上认为武术传播时文化侵略，应该改变武术的形象，以非物质文化遗产的形式传播出去。还有学者认为武术国际传播主要渠道有三个：官方、民间和华人华侨。

"国外认为武术传播是文化侵略。鲁班工程技术是从天津兴起的，很容易被接受。我们可以换一种方法，中国的这些手艺、中国的武术，也可以通过非物质文化遗产这种形式传播出去。"（研究者 R5 口述，2021 年 11 月 17 日）

"我觉得咱们武术在国外尤其是国际上的传播，应该说主要是两条线，一个是通过中国武协和国际武联，叫作官方渠道。主要是竞技武术比较多。另外一条线的主要还是民间，也有两个方面：一些民间的武术组织在国外接收留学生学习是一种交流，这是第一个方面；第二个方面，就是华侨华人出国后为了谋生而在国外进行的传播。总的来说，就我们所期望的和中国武术本身应该发挥的作用来看，还有很大的发展空间，还有很多东西需要去突破。"（研究者 R10 口述，2021 年 11 月 18 日）

旁观者对武术国际传播途径也有自己的看法。有的旁观者建议运用现代化传播手段加大武术国际传播的力度，及时给予奖励和相关政策扶持。

"传播武术，要结合现代化的传播手段，比如网络、外出比赛、电视节目，或者邀请外国友人来中国。以现代化的手段，或者以科技辅助去创新武术，让他们更容易去了解，更容易地去学习。"（B4

口述，2021年1月）"武术传播，首先应该是加强宣传，让大家对武术有所了解，调动积极性，然后找一些好的方式，比如鼓励政策奖励，提高大家积极性，好好地学习。"（B5口述，2021年1月）

武术国际传播的目标是"走出去"，大部分旁观者支持这个观点，并提出了个人的建议和想法。

"目标是走出中国，面对世界，让世界所有人都能对我们国家的非物质文化遗产武术有所了解，年轻人是新的血液，我们要从小抓起才能使武术更好地传承下去。"（旁观者B9口述，2021年1月）"国际的传播要先让外国友人对武术有所了解，对武术有一个深刻的认知，这样我们才能在国际上良好的传播。"（旁观者B34口述，2021年1月）"强化武术国际传播组织管理能力，作为武术国际传播效果的决定性因素，在国际传播过程中十分重要。"（旁观者B31口述，2021年1月）"应该学习吸收国外武术的长处，如短、平、快，取长补短。"（旁观者B22口述，2021年1月）"武术传播是好事，要注意方式方法。"（旁观者B21口述，2021年1月）"武术国际传播是以武会友，共同提高武术技能，增强各国人民身体素质，维护世界和平、稳定。"（旁观者B17口述，2021年1月）

（四）武术国际传播受众：反应不同

在新中国成立以后，经过多方整理和抢救，我国的武术还有129种拳种。很多拳种已经走出国门，发展比较好的拳种有少林拳、太极拳和武术竞赛套路等。武术国家传播的受众从青少年、青年到中老年人群都有，拳种不同，受众有所不同。比如说，少林拳、洪拳等受青少年欢迎，太极拳的受众以中老年人为主，武术竞赛套路则以青少年为主。这与武术国际传播的分类有关。武术竞赛套路学习的青少年主要是因为亚武联和国际武联武术比赛需要，少林拳因为其独特特点受到青少年的喜爱，而中老年人因为身体疾病和运动康复需要，学习太极拳的较多。访谈传播者发现传播受众的具体情况见表4-4。

表4-4　武术国际传播受众一览表

序号	国际传播受众	地点
C1	青少年	韩国、印度尼西亚
C2	青少年	坦桑尼亚
C3	青少年	印度尼西亚
C4	青年	非洲
C5	青少年、青年	爱尔兰
C6	青少年、中老年人	日本
C7	青少年	法国、比利时、卢森堡、德国、印度尼西亚等
C8	青少年、中老年	意大利
C9	青少年、青年	日本、韩国、新加坡、马来西亚、巴西、阿根廷、智利、秘鲁、乌拉圭、英国、法国、德国、意大利、瑞士、希腊、波兰、捷克、西班牙等20多个国家
C10	青少年、中老年	美国、英国等

续表

序号	国际传播受众	地点
C11	青少年、中老年	新加坡、美国等
C12	青少年、中老年	美国、韩国、马来西亚、意大利、澳大利亚等
C13	中老年	日本、美国、马来西亚、法国、瑞士、意大利等国
C14	青少年、中老年	美国、德国、澳大利亚、韩国等

武术国际传播受众是检验武术国际传播效果的重要载体，他们对武术的学习和认同受本国的政治、经济、文化以及环境等影响，他们学习后的体验、心理等因素应该受到重视。对于不同的国家和不同的传播受众，传播者所采取的教学方法、教学内容也各有不同。传播的受众也因传播者的技术特点有所不同，通过孔子学院教学，其受众主要是在校学生和老师；通过竞技武术教练推荐出去的传播者，其受众主要是年轻人；通过民间交流出去的传播者，其受众主要是老年人。

"去孔子学院报名，因为我在美国看到在孔子学院学太极拳也收费。""社会上也有其他人群参与，有两个工程师，一个30岁左右，一个是四五十岁。"（C2口述，2021年11月9日）"其实，我去印尼的时候教的是青年队，大学生的话也就是十几岁，年轻，也接触过那种年龄大的。教他们动作呀，很舒服，他们能接受，人群方面是老年人。"（C1口述，2021年11月8日）"主要群体是青少年还有青年，大概 10 岁到 30 岁之间，但是现在我开始带一些小孩，就是八九岁的小孩，主要教授竞技套路。"（C3 口述，2021 年 11 月 16 日）"我教的学员从小学生到 70 岁的老人都有，但 70 岁的老人也就是两三个。"（C6 口述，2021 年 11 月 14 日）"大概就是在 15 到 20 岁，费工夫，难教一点，相当于（国内运动员学习难度的）2/3，因为这个难度对国外运动员来说，不管是神经、体质，还有爆发力（和国内运动员都是有差异的）。"（C7 口述，2021 年 11 月 15 日）

"在国内传播的话，人群主要是高校的学生以及社会上的人群，以中老年为主。这些人背景比较复杂，有政府领导，有企业职工，也有退休领导干部，也有普通退休工人等。在国外的话，主要以海外华侨和意大利当地武术协会的学员为主，但大多也都是老年人。"（C8 口述，2021 年 11 月 12 日）

有的管理者认为国外武术受众看重竞赛成绩；也有管理者认为外国受众喜欢"原汁原味"的武术。"武术套路有国家规定套路和自选套路，它主要是以竞技类的套路为主。官方的武术训练部门去参加比赛，为了拿到更好的成绩，要求参赛运动员，年龄比较小；超过年龄要求，就不能再参加竞技类（比赛）。民间的无所谓。"（M2 口述，2021 年 11 月 9 日）。"有的是在他们国家，而且有残疾的，但是后来还是对我们的传统武术更喜欢，这令我非常感动。（外国人）喜欢'原汁原味'的东西。""（在国外）武术联合会教的学生主要是华侨。年龄在 18 岁到 40 岁之间的居多，都是有基础的，都是教练或者校长。我学生占不到一半，公开课的话，差不多 1/3 是培训教练的，新手基本没有机会，很少或者 1/10，（大部分）都

是老手。"（M5 口述，2021 年 11 月 9 日）

还有一些旁观者认为武术国际传播应该注意一些问题，如语言、习惯、其他国家的文化冲击、拳击等相似武术的挑战。

"语言、习惯是个问题。"（B9 口述，2021 年 1 月）"国家政策支持，但是受众不是太广。"（B10 口述，2021 年 1 月）"机会很好，中国武术的实战应用是挑战。"（旁观者 B11 口述，2021 年 1 月）"同时也面临着其他国家文化对武术的冲击。"（旁观者 B15 口述，2021 年 1 月）基于此，一些旁观者提出要和当地文化相结合。"畅通了渠道，也要与当地文化传统结合。"（B16 口述，2021 年 1 月）

（五）武术国际传播效果：大相径庭

通过对武术国际传播者的访谈得知，在不同的国家，武术国际传播的效果好坏以参与人员的多少、传播的次数、受众国家的武术氛围等为参考。知名传播者的武术传播因为名人效应、教学经验等因素，他们的武术传播的效果较好；一般的传播者，发现在韩国、非洲、坦桑尼亚、意大利等国家发展不是太好，这与这些国家的经济发达程度、文化排斥程度等相关。

"'穷文富武'，经济支撑很重要。欧洲、美国、东南亚如日本等国家传播的效果比较好，其他国家不太好，最不好的是非洲。该地区环境有点儿混乱，人们吃不饱饭，物质基础不丰富，精神需要就少了。"（M4 口述，2021 年 11 月 17 日）

传播效果比较差的是韩国，韩国人对跆拳道具有强烈自信，对武术具有强烈的排斥心理。"韩国人不喜欢学太极拳的一个因素是韩国人觉得跆拳道非常好，不会也不想学习太极拳等外来拳种。比如我们教授（博士生导师），我跟他学习4年，开始他见过我表演，他都觉得很好，他说想学，但是直到我毕业走了也没有学习，所以他们对中国武术是排斥的。""大邱属于韩国第三大城市，我感觉学武术的人超级少，即使有，学的也是那种变了形的武术。"（C1口述，2021年11月8日）

"刚开始的时候，加了很多的难度，我感觉这个路子可能是有一点走偏，只是为了高、难、美套路，这几年武术的改变更符合武术发展规律。把这个套路里面加上中国传统武术的规定、动作规定内涵，就是传统和竞技结合。""他们（外国人）对武术动作的理解比较困难，同样一个动作，他们只是摆架子，缺少了武术真正的内涵，'精气神'体现在什么地方，停在哪里，不清楚，这就是一个框架。""他们缺少对攻防含义的理解，只是摆了一个架子，这是教学过程中比较难解决的一个问题。"（C3口述，2021年11月16日）

"只要是老师教的东西，他们就像海绵一样汲取知识，尽可能地学习。比如我在做示范的时候，他们就会跪地盘头，但是人家根本就不是因为崇拜、规定，而是在看你的底盘。所以他们是很会学的，不是光看你手上的动作，是从下面观察你，他把底盘看得非常清楚。我记得当时我还带这群人回过C地，还叫他们表演给老乡，包括我们师兄弟，有一些人也一起过来学习。他们不怕练，课堂上根本不聊天，没有废话，所以一节课两个小时，那就是完完整整的训练。老师说什么他都会去听。表演完以后，这群人都报名了，就都进来学习，他们会认真听并完成你的任何一个指令，他们真正让我感受到什么叫尊师重道。"（C6口述，2021年11月14日）

武术国际传播效果最好的途径是电影，最主要的代表人物是李小龙，是他通过电影将武术传向世界的。武术国际传播的不同时期，武术交流的国家和效果都有所不同。

"李小龙把中国武术带向了全世界，在此之前，虽然中国对外也有一定的传播，但是力度不大，而且外国对中国武术也不是太看好，李小龙他本身打出了一定的成绩，然后才把中国武术带向了全世界。"（C2 口述，2021 年 11 月 9 日）

"在各界领导的支持下，以前就是家族的一个太极拳，现在 C 地（太极拳）遍世界，有几个原因：政策的开明、祖国的开放、各界领导的支持。"（C11 口述，2020 年 7 月 11 日）

"C 地是太极拳的发源地，他们都是来寻根问祖的，H 省省政府马上就研究决定成立武术处。H 省是行政机关，又成立武术协会，是民间团体，又成立一个武术管理中心，是事业单位，指明现在的 4 个老师，还有登封的 6 个，我们 10 个人，全部都要调到省里去了，像这种情况完全都算外出的，如果没有这种寻根问祖的活动，（太极拳）不可能影响这么大，也不可能来这么多团队，也不可能引起省市县各级领导的重视。在国内还没有认识到它的重要性的时候，外国人认识到了，他们的重视能带动国内各级领导的重视，效果非常好的。""到了 1992 年，策划了 B 县太极拳年会，当时的书记县长都很重视，把我们几个都作为这个年会的副秘书长，我们的县长作为秘书长，一直延续到现在。就是在太极发源地、武术摇篮把这个品牌——太极拳推广出去了，然后就有了这些大型活动，这些活动在国际上的影响都很大。以后县里面不管换几任领导,他们对C地都非常重视,都首先对C地进行规划设计,然后打造武术之乡太极的发源地,特色小镇叫太极小镇和美丽乡村。"(C14口述,2021年11月15日)

随着武术国际传播的深入,国际社会对武术的价值和功能的认知也发生了改变,由神秘的功夫到健康养生。武术传播的效果与武术功能的展示在他国的接受度密切相关。

"太极拳对人类的贡献应该是在健康上,而不是技击,其一在于它这个时代已经不需要它;其二,它谈不上是贡献。太极拳发展存在的问题,还是在对太极拳的认识方面。"(C9口述,2020年7月11日)"首先,传统武术没有文化空间的。要不是那几个传承人,武术就很可能会灭绝,消失掉。这种东西我们无论怎么样阻止它,可能最终也是只能这么办。实际上,现在我们的传承,就是要把最合理的需要传承的内容整理出来。其次,国外每个国家的情况都不一样,我们做好调查之后,再去找问题,然后再去传播,把我们自己梳理好之后再送出去,我觉得这样可能会好一些。"(研究者R2口述,2021年11月15日)

"外国人的思想是根深蒂固的,他们就是很喜欢,但是我们真正好的东西出不去,不一定能适应当地的生存。我去国外也是我的学生给我铺垫好的。需要做大量的前期宣传。有了服务的基础设施这些东西才可以走出去,不然的话,同样是我去德国,可能没有人知道我在哪里。提前一两个月发通知、预定名额,我们在国外做这么多场活动，没有一场缺一个人的，全部都是按我们预定的人数，基本上没有少过，甚至是超编。外国人对思想、时间观念，包括对知识的渴望，确实有时候比咱国内的人还要严格，我们提前两个月公布，人都是满的。"（M5 口述，2021 年 11 月 9 日）

"'共商、共享、共建'的原则决定了'一带一路'倡议能够取得预想的效果，需要相关各方共同的愿景和努力。武术作为中国独特的传统文化，在'一带一路'共建国家或地区传播时，同样面临类似问题。从国际上看，国际武联目前拥有来自五大洲 155 个国家（地区）的会员协会，已成为国际奥委会承认的国际单项体育联合会，并已加入国际世界运动会协会。目前举办的国际武联官方赛事包括世界武术锦标赛、世界青少年武术锦标赛、武术套路世界杯、武术散打世界杯、世界传统武术锦标赛、世界太极拳锦标赛、武术与综合性运动会等。"（研究者 R11 口述，2021 年 11 月 20 日）

（六）武术国际传播反馈机制：不顺畅

通过对武术国际传播者、研究者、管理者和旁观者等的访谈，发现武术国际传播的反馈机制相对比较落后，反应比较迟钝，尚未受到政府部门以及传播者的高度重视，武术国际传播机制不够健全。因为武术在国外的传播不受国内相关部门的管理，也没有相应的反馈机制，导致在外国人对武术的国际传播有比较明显的反应之后，如公开抵制和反对，我国才制定相应的对策。

武术国际传播的最主要途径之一是孔子学院，但是孔子学院缺乏理论体系，外国人缺少中华文化底蕴，难以理解武术的真正内涵，直接影响武术传播效果。在国际上，对武术文化认同的人，很喜欢武术，但是武术国际传播反馈机制尚未建立，导致无法准确把握受众的反馈信息，影响武术国际传播的效果和影响力。

"孔子学院教授的太极拳缺乏太极拳理论体系。太极拳很深奥，国内人理解不了，外国人更理解不了，目前，应该先把武术技术翻译成'半文言文'。""能看懂，文言文语气，用白话文解释很苍白，解释不通。""做武术工作的时候，想起前市长的四句话，'崇文尚武'：文化支持非常重要；'创新创造'：很多没有的理论知识，按国际规则去做，因为做这个工作就得做出来一点成绩；'时不我待'：如果我们都不做，跆拳道、瑜伽等都做起来，大资本一进来，很快就做起来，A 市就落后了；'追求卓越'：气沉丹田需要很多知识支撑。"（M4 口述，2021 年 11 月 17 日）

"我觉得最大的感动就是他们对传统武术的尊重和认同，他们跨越年龄、跨越国界、跨越种族，他们这种共同的爱好让我非常非常感动，也在他们身上学到了很多东西。""但是国外喜欢的是中国真正武术的根，而不是现在改变的东西。其实把传统的东西弄出去，那是最好的。"（M5 口述，2021 年 11 月 9 日）

也有一些旁观者从小就知道少林功夫等武术拳种，心里喜欢，但是不太了解武术目前的国际传播现状。"武术是中国的优秀文化，应该发扬光大，传到国外去。对传播的现状不太了解，但是感觉不够。"（旁观者 B24 口述，2021 年 1 月）也有一些人认为，武术是我国的国粹，自己留着就好。"还是先在国内推广，好东西不要乱分

享。"（旁观者B15口述，2021年1月）

（七）武术国际传播环境：复杂多变

武术国际传播环境是武术是否能够融入异国他乡文化的重要土壤，东南亚国家华人华侨多，和我国的文化圈相像，这些国家和中国政治关系友好，经济和文化交流多，对武术的认同度和接受度比较高，传播效果比较好，如新加坡、马来西亚等国家。在非洲，因为这些国家的经济条件较差，政治环境比较乱，武术是温饱问题解决后的更高的精神层次需求，我们国家也通过孔子学院外派武术老师和个人途径传播，但是效果一般或者比较差。通过科学研究发现武术具有相关防病治病和康复理疗等功效，在经济比较发达的国家如美国、英国、俄罗斯、法国等，对精神层次需求和健康需求比较高，相对比较喜欢武术，武术在这些国家的传播效果相对比较好。但是由于当前国际社会环境比较复杂，认为"武术交流和传播是文化侵略"，以美国为首的一些国家公然反对，驱赶"孔子学院"离境，对我国武术的国际传播影响非常大。

有的管理者口述史也印证了经济发达的地方，与我国政治关系较好的国家，武术国际传播的环境较好，其传播效果也比较好。"瑞士武术联合会里有20多个学校的校长，全部是我的徒弟。我每年去他们那边教学，我们一般通过他们联合开展公开课，一个国家一个星期，周末这两天的课，比如说我去德国教学，会有英国飞过去的学生，这些就是我们所重视的粉丝，他们会隔一段时间，到一个地方去继续培训。这样的话呢，我们在某一个国家的这个武校，也给他们带来一定的培训费用，我也有一定的收入；所以说，我所有的费用，包括所有的东西不需要他们负担。"（M5口述，2021年11月9日）

因为近几年武术国际传播环境越来越严峻，有的学者认为在武术国际传播时应该侧重技术传授，减少不必要的误解和排斥。武术之乡政府应该发展重点拳种的同时，给予政策和经费保障，让多种拳种"百花齐放"，而不是"一枝独秀"。

"武术国际传播效果跟国际大环境有关系，现在越来越严峻。所以，可能很容易引起对方（国家）的一些反感。我们过去，其实主要还是侧重于在技术上的推广，但是如果涉及武术要进孔子学院，就有点排斥。"（研究者R10口述，2021年11月18日）

"A市市委还是主打太极拳，给予优惠政策和宽松环境，宣传的也是太极拳，濒临灭亡的拳种很多，其他拳种的人也改练太极拳，这种情况不太正常，但也很无奈。""我是省级的阴阳八卦拳唯一传承人，但是举步维艰。既要有经费、有时间、有精力，我还要工作，很难。就非物质文化遗产，省里拨钱到市文化馆，市文化馆根据发展情况，发展越好的拳种给予的钱越多，发展越不好的拳种给的钱反而越少，恶性循环。大环境是这样，谁也没有办法，老拳种只能自生自灭。清朝时，中国武术有600多个拳种；1979年，剩余79个拳种；后来挖掘了一些，有125个拳种。国家应该支持和发展，重视和提升它们的生存空间。流传百年以上的拳种应该百花齐放不应该一枝独秀。"（M2口述，2021年11月9日）

二、典型案例：以东盟10国为例[①]

2013年习近平总书记在哈萨克斯坦纳扎尔巴耶夫大学演讲时提出"一带一路"倡议。在"一带一路"倡议下，我国武术国际化传播承担着人文交流的重任，中国和"一带一路"共建国家的交流中，包括太极拳在内的武术更是通用语言，尤其是东盟各国华人热衷于"中国功夫"，对太极拳在东盟各国的传承和发展起到重要的推动作用。运用文献资料法和深度访谈法，以太极拳在东盟各国发展为典型案例进行梳理，发现问题，提出发展方略，助力国家"一带一路"倡议。

（一）中国武术在东盟各国的发展历程

东盟各国和中国交流的历史源远流长，同处在东亚文化圈，又是"一带一路"沿线的重要国家，东盟各国与中国的交流与合作比较广泛，中国武术也在20世纪陆续传入各国并得到发展，各国的国情不同，其发展状况不同。

以新加坡为例，华人比例大，武术基础好。在新中国成立初期就有各种民间武术团体，1967年成立新加坡全国国术总会，在其组织和带领下，目前全国已经有230多个武术团体。[②] 新加坡教育部长王乙康在第四届新加坡国际武术邀请赛闭幕上指出，2019年全国70

[①] 邱辉，孟昭雯.推动太极拳在"一带一路"共建国家跨文化传播［N］.中国社会科学报，2020-09-11（8）.

[②] 李瑞豪，李振宇.探讨"一带一路"倡议在经贸的效果：以马来西亚与新加坡为例［J］.时代金融，2018（35）：373.

所小学和 120 所中学参加了新加坡全国校际运动会武术项目的比赛，在中小学广泛开展武术、太极拳教学，并举办校级比赛，极大地推动了太极拳在新加坡的普及和发展。①

武术在马来西亚的历史比较悠久。18 世纪末至 19 世纪初，中华武术随着华人的到来而带到马来西亚；1973 年，以雪兰莪智飞太极学会牵头，联合全国数十个武术团体成功举办了第 3 届东南亚武术擂台邀请赛；1978 年 4 月 4 日马来西亚政府承认的武术团体的最高机构马来西亚武术总会成立；1987 年 9 月马来西亚武术总会加入亚洲武术联合会，正式获批为奥林匹克理事附属会员；马来西亚武术总会积极与中国武术协会交流，聘请高级别中国教练到马来西亚任教，积极参加各类外武术赛事，成为东南亚武术强国；② 截至 2012 年，在马来西亚及直辖区组成了 14 个州分会，统计属下团体会员超过 500 个，人数多达 10 万以上。

武术在菲律宾的发展主要是通过华文学校进行推广，在政府的支持下，在武馆的努力下，更多华人和菲律宾人逐渐喜欢并练习中华武术，在国际上，菲律宾竞技武术水平逐渐提高。③ 但同时，陈胜等认为，中国武术在菲律宾发展的规模较小、数量有限，存在管理

---

① 王丽丽. 第四届新加坡国际武术邀请赛闭幕［EB/OL］. 新华社，2019-08-12.
② 李秀. 武术在马来西亚的传播及国际化发展研究［J］. 西南师范大学学报（自然科学版），2012，37（7）：99-103.
③ 唐明欢，李乃琼，尹继林. 中华武术在马来西亚的传播历程、特征、经验［J］. 四川体育科学，2019，38（1）：23-25.

松散、缺乏宣传力度等障碍。① 陈胜等提出，武术、太极拳已经进入菲律宾孔子课堂，但是段位制推广工作还未展开，主要原因是对武术顶层设计认识不足，段位制师资缺乏，考评检验机构不完善，课程体系不完整，培养目标不明确等问题。②

李辉（文莱国家队主教练）提出文莱武术起步较晚，文莱人对武术的了解和认知较少。在武术运动训练中，要制定相应的训练制度，建立合适的奖励机制，促进高效训练。③ 对F5进行访谈得知，传统武术和太极拳在政府的重视下，李教练及其教练团队起到了重要的推动作用，但是由于太极拳起步晚，让国民认识、喜欢并参与太极拳任重而道远。

1995年2月《印尼与东协》（第40期）中报道中国大陆传来的太极气功十八式、二十四式从首都扩展到各大城市，盛极一时。④ 肖海东认为武术在印度尼西亚具有较高的发展水平。⑤ 许仕杰发现中华武术在印尼孔子学院传播的过程中，存在传播者业务水平欠缺、传播内容单一、文化含量低、传播媒介不够完善、传播受众范围局限、传播效果不够持久等问题。印度尼西亚武术协会主席M7提出，印尼积极引进了很多中国籍教练，训练更多的本土教练，太极拳在印尼

---

① 陈胜，肖蕊．中国武术在东盟国家的传播与发展研究：基于菲律宾武术馆校的调查报告［J］．中华武术（研究），2018，7（7）：15-19．
② 陈胜，代海斌，肖蕊．"一带一路"视阈下武术段位制在菲律宾孔子课堂推广的新契机［J］．武术研究，2018，3（6）：52-56．
③ 李辉．文莱国家武术套路运动队建设及发展研究［D］．石家庄：河北师范大学，2014．
④ 雷春斌．中华武术在东南亚的传播［J］．八桂侨刊，2002，（1）：62-64．
⑤ 肖海东．武术在印度尼西亚的发展研究［J］．武术研究，2018，3（9）：9-11．

的民间和官方竞技体育两方面都发展得很好，不足在于武术和太极拳段位制的推广滞后。①

崔建功和曹运华认为武术散打在老挝开展得非常好。② 王庆阳提出太极拳在老挝孔子学院的发展尚处于起步阶段。存在太极拳教练师资不足、教学水平有限，教学内容单一、文化含量不高，教学过于简单、方法不够完善，对象受限、开展不够广泛等情况。③ 老挝国立体育学院教授 F4 发现，老挝人民希望发展太极拳，但是苦于师资力量薄弱，希望中国能够支援。

（二）中国武术在东盟各国的传播现状

根据对各国教练、领队和运动员的深度访谈，武术在东盟 8 国的发展概况详见表 4-5 中国武术在东盟的发展历程一览表。

---

① 许仕杰. 中华武术在印尼孔子学院的传播研究［D］. 福州：福建师范大学，2012.
② 崔建功，曹运华. 从老挝开展武术项目的成功经验展望中华武术走向世界的前景［C］//中国体育科学学会. 第九届全国体育科学大会论文摘要汇编（4）. 中国体育科学学会，2011.
③ 王庆阳. 太极拳在老挝孔子学院的开展现状调查与发展对策研究［D］. 桂林：广西民族大学，2016.

表4-5 中国武术在东盟8国的发展历程一览表（N=8）

国外受访者	传入	发展	重要节点	未来走向	访谈时间
新加坡 F1	1967年成立新加坡全国国术总会	230多个武术团体，新加坡70所中小学和120所中学校级运动会武术比赛，十三式太极拳套路在全国普及推广	2009年更名为新加坡武术龙狮总会，形成了武术、舞龙、舞狮三位一体的管理架构	以竞技武术为龙头，大众武术为补充，中小学推广普及为依托探索市场化运作模式，打造武术品牌	2019-11-11
印度尼西亚 F2	1972年传入	70年代末期以来，东南亚地区的华人华侨不断推动武术国际化，从事武术运动的主体向其他群族延伸，武术国际化的精髓愈发受到关注。印度尼西亚武术总会成立于1992年，武术进入体育局管理项目	1998年印度尼西亚抵制华人，受到重创，2014年提出的有关"武术街"更名草案，并获得全体议员一致通过立案	2000年后平稳发展，成绩较好，获得国家支持	2019-11-10
柬埔寨 F3	2000年建立武术联盟	2005年与教育青年人运动合作	一年一度的武术比赛成为常规	支持和发展中国武术	2019-11-10

104

第四章 新中国成立以来武术国际传播现状及问题

续表

国外受访者	传人	发展	重要节点	未来走向	访谈时间
老挝 F4	武术在老挝起步晚,是新兴事物	2005年邀请王建青组建老挝少年武术队,2009年常东海教练来老挝执教时才涉及传统拳术、太极拳和形意拳	老挝国立大学孔子学院于2010年3月23日正式成立和举办的东南亚运动会赢得两枚武术套路金牌	支持和发展中国武术	2019-11-10
文莱 F5	2005年成立全国武术总会	2007年武术国家队成立,武术进校园	2012年被列为国家运动会的正式项目,武术在文莱具有了一定的社会基础和发展	在小学推广多,在中学推广难;政府重视,但管理体制无法改变	2019-11-10
马来西亚 F6	18世纪末至19世纪初	1978年4月4日马来西亚武术总会获马来西亚政府批准注册,1988年马来西亚武术队建立,东南亚武术地位强固,以精武学校为依托,华文教育助推武术发展	1999年将武术列入马来西亚国家运动会项目及国家十三项甲级项目之一;2008年开始推行武术段位级制度	政府重视,引导民众广泛参与,提高竞技武术水平	2019-11-10
缅甸 F7	1960年周恩来带表演队到缅甸进行巡回表演	有15个武术协会,25名散打国家运动员,50个镇有武术学校	中小学、高中学生都学习武术,每年组织一次全国性武术比赛	武术进入校园,在社会上广为传播	2019-11-10

105

续表

国外受访者	传人	发展	重要节点	未来走向	访谈时间
越南F8	1984年传入越南	1994年开始发展中国武术，参与武术锦标赛	已经形成了武术人才阶梯，全国100多个运动员	武术已经走进部分学校，为武术的广泛发展奠定基础	2019-11-09

1. 中国武术在东盟各国的传播形式

武术传播的形式对武术进入东盟各国的作用不容小觑。中国武术进入各国的时间长短不一，在东盟各国的发展阶段不同，其传播形式也各异，详见表4-6中国武术在东盟8国的传播形式。中国武术在东盟各国的传播形式，主要分为表演、教育、竞赛和民间传播四种，武术进入东盟各国时，主要是以表演形式进入各个国家，如柬埔寨、老挝、印度尼西亚等；然后在各个国家进行竞赛套路的传授，如新加坡、老挝、马来西亚等；竞赛成绩比较好的国家，为了更好地推广武术，引武术入校园。民间武术传播也得到更好的发展，几乎每个省份都有民间武术馆，对武术的传承和发展起到重要的推动作用。

表4-6 中国武术在东盟8国的传播形式

国家	传播形式
新加坡	教育、竞赛、民间
印度尼西亚	表演、教育、竞赛、民间
柬埔寨	表演、竞赛
老挝	表演、竞赛
文莱	表演、竞赛、教育、民间
马来西亚	表演、竞赛、教育
缅甸	表演、教育

续表

国家	传播形式
越南	表演、竞赛、教育、民间

2. 中国武术在东盟各国的传播模式

中国武术在东盟各国的传播模式具有比较明显的特征，传播模式主要是中国政府的武术表演队访问，扩大中国武术在各个国家的影响，各个国家继续重视和发展中国武术，在各个国家播放武术电影，提高东盟各国对中国武术的认识和理解，中国政府委派教练到各个国家进行技术和人才支持。有一些国家在取得了比较好的竞赛成绩之后，更加重视中国武术进入校园和本土教练的培养，对武术的传承和发展起到了重要的推动作用。中国武术在东盟 8 国传播模式具体详见表 4-7。

表 4-7 中国武术在东盟各国的传播模式

国家	传播方式
新加坡	中国教练表演团、教练入驻、武术电影
印度尼西亚	中国教练表演团、教练入驻、武术电影
柬埔寨	中国教练表演团、教练入驻、武术电影
老挝	中国教练表演团、教练入驻、武术电影
文莱	中国教练表演团、教练入驻、武术电影

续表

国家	传播方式
马来西亚	中国教练表演团、本土教练传播、武术电影
缅甸	中国教练表演团、教练入驻、武术电影
越南	中国教练表演团、教练入驻、本土教练成才、武术电影

3. 中国武术在东盟各国的传播内容

在内容为王的今天，中国武术在东盟各国的传播内容决定了传播效果的好坏与成败。目前中国武术通过官方渠道传播的都是武术竞赛套路，相对来讲，内容统一、标准化程度较高；但是每个国家的运动项目都很多，中国武术的传播和发展受到其他项目的排挤和影响；另外，中国武术竞赛套路比较复杂，对个人的速度和力量要求比较高，对运动员吃苦耐劳的品质要求比较高，一部分人因此知难而退，严重地影响连续性学习中国武术，对武术的传播和发展起到了一定的阻碍作用。中国武术在东盟各国的传播内容详见表4-8。

表4-8 中国武术在东盟各国的传播内容

国家	传播内容
新加坡	武术竞赛套路、传统武术
印度尼西亚	武术竞赛套路、传统武术
柬埔寨	武术竞赛套路

续表

国家	传播内容
老挝	武术竞赛套路
文莱	武术竞赛套路、传统武术、太极拳等
马来西亚	武术竞赛套路、传统武术、太极拳等
缅甸	武术竞赛套路
越南	武术竞赛套路、传统武术、太极拳等

4. 东盟各国对中国武术入奥的认识

在 2019 年 11 月 10 日晚上，国家体育总局武术管理中心召集来自各国的教练和领队就武术在"一带一路"共建国家发展的现状、存在的问题和中国武术入奥等问题进行讨论，东盟各国对中国武术入奥的认识各不相同，具体情况详见表 4-9。

表 4-9 东盟各国对中国武术入奥的认识

国家	对中国武术入奥的认识
新加坡	支持，需要和中国搞好关系
印度尼西亚	不支持，担心奖牌被中国垄断
柬埔寨	不支持，担心不公平现象发生
老挝	支持，但需要技术和资金支持老挝武术的推广和发展

续表

国家	对中国武术入奥的认识
文莱	支持，需要支持和资助
马来西亚	支持，需要中国政府有态度，引导东盟各国武术发展
缅甸	支持，需要中国技术、设备和人才支持和资助
越南	不支持，武术技术标准难以统一，无法公平公正

(三) 太极拳在东盟各国发展中存在的问题

1. 对中国武术的认识不足，文化差异明显

基于不同的文化基因，东盟各国对中国武术的认识各不相同。新加坡由于人口少、地方小、华人多，对中国武术的认识比较深刻，对武术的传播和发展十分重视，甚至官方强调武术入校园，为中国武术在新加坡的繁荣和发展起到重要的推动作用。越南虽然和中国文化有较多的相似之处，但是经过多年的发展和变异，他们对中国武术的认知仅仅局限于武术套路和竞赛，对于文化的根本内容，只有个别对中国武术极其热爱的教练才会深入地了解和讲授，对大部分教练和运动员来讲，就是一个运动竞赛项目，可以为国争光、光宗耀祖，抑或成为一种谋生的手段。

2. 对中国武术的态度暧昧，期望值各不相同

从受访者口述史得知，东盟各国对中国武术的态度比较暧昧。比如印度尼西亚、马来西亚等国既希望在各级武术大赛中取得好成

绩（国家政府需要好的武术竞赛成绩），又担心中国的武术成绩过于突出，它们没有机会获得奖牌；越南、老挝、新加坡等国则比较支持中国武术在本国的发展，但是也希望在武术大赛中取得优异成绩，怕中国武术运动员一支独大。基于态度的复杂性，东盟各国对中国武术的期望值也各不相同：印度尼西亚、新加坡、文莱等国都是借助中国国籍武术教练力量，承担本国主教练的职责，为中印与中新、政府与民间武术交流以及本国武术的发展提供极大的便利，希望中国武术在本国发展得越来越好；越南、柬埔寨、老挝等国教练都是本地教练，因为酷爱武术、武术竞赛成绩好等原因而成为本国武术主教练和助理教练，当地武术的发展完全依靠武术协会的力量推动。主教练能力强的武术协会可以招到更多的生源，进而培养更高水平的运动员，可以在更高水平的武术赛事上取得更好成绩，进而为国争光，也为中国武术在本国的广泛发展奠定基础。

3. 中国武术的技术障碍大，各国难以统一

中国武术博大精深、种类烦冗、内容丰富，在中国本土的发展可谓是"百家争鸣、百花齐放"；但是东盟各国的国情和文化底蕴不同，对于中国武术的理解存在文化偏差、认同、融合等问题。中国武术发展"走出去"时，本身存在着技术性难题，武术技术标准和评分标准以及裁判的主观判断等问题严重困扰着武术在东盟各国的发展，尤其是裁判法修改之后，难以在第一时间内通知到各个国家的教练和运动员，导致在时间最接近的国际比赛中，比赛规则和评判标准理解不一的问题，导致东盟各国对裁判的公平性和正义性存在较大的偏见。中国武术传到东盟各国的竞赛套路都是统一的，但

是由于各国教练员和运动员的认知和练习水平不同而各异,技术统一方面难度大,亟须解决。

4. 东盟各国对中国武术入奥的期望值趋同

东盟各国对中国武术怀着非常复杂的感情,基于华人血统、基于父辈期望,希望中国武术在东盟各国适当发展;但目前,中国武术发展受到各国体育政策、制度,以及各国文化的影响较大。基于竞技体育奖牌需要时,东盟各国对中国武术入奥的期望是一致的:中国政府作为中国武术的推广方,尽可能提供技术、人才、制度和资金的支持,帮助各国推广和发展中国武术。中国武术入奥,中国应该承担更多责任和担当,理所应当给予无偿的帮助和支持,这些情况在中国武术推广的初期是有效的,但在以后发展的过程中难免有满意度降低等情况发生,导致各国对中国武术入奥的积极性不高。

(四) 太极拳在东盟各国发展水平有待提高

1. 淡化文化差异,提高认同感

中国武术具有较强的中国文化标签,在东盟各国传播的过程中,受各国文化差异、管理体制差异、其他体育项目冲击等影响,应该淡化"中国符号",把中国文化内化到武术的"一招一式"中,转移到礼仪等形式化和仪式感较强的内容上来,提高各国对中国武术的认同感,进而循序渐进地推动其传播和繁荣发展。

2. 加强武术交流,提高满意度

据口述史发现,尽管2019年中国—东盟武术节的所有东盟各国领队、教练和运动员的费用全部由中国政府资助,但因为武术规则不统一、比赛成绩和名次等问题,他们多有不满,组委会根据实际情况及时解决了几起不满事件,虽然解决了问题,但心中的不满仍未消除。因此,本书建议,在以后的武术比赛之前应该加强交流,包括竞赛规程、竞赛规则、裁判员选取等一系列细节问题,在比赛过程中及时发现问题、及时沟通,提高东盟各国对比赛的满意度,进而提高各国对中国武术的满意度,支持中国武术的传播和发展。

3. 加快武术技战术统一化进程

据口述史文本,亚洲武术联合会、国际武术联合会的规则有所不同,同时规则变化较快,没有及时地下达到各个武术联合会,导致在时间比较接近的武术比赛中,教练因为了解的规则没有及时更新而误解组委会的情况时有发生。本书建议国际武术联合会、亚洲武术联合会以及各国武术联合会及时更新战术和比赛规则,加快武术技战术统一化进程,避免在国际比赛中的误会发生,提高各国教练的流畅程度和交流效率,为中国武术在海内外的发展扫清障碍。

4. 加强责任担当积极倡议入奥

由口述史可知,东盟各国对中国武术的"领头羊"地位非常认可,并且想由此从中国政府和民间获取更多的支持和帮助,中国武术理应加强责任担当,在帮助各国发展武术的同时,增加武术人口、提高武术产业产值,积极推动中国武术入奥,早规划、早实施,争取各国为中国武术入奥投票,为武术早日走进奥林匹克大家庭努力谋划。

中国—东盟武术节是"一带一路"框架下人文交流的重要组成部分,太极拳也通过比赛交流慢慢融入东盟各国。我国有责任和担当促进太极拳多元化发展,尽快成立专门组织,研究太极拳和"一带一路"共建国家的文化和体制等如何高度融合，以促进太极拳跨文化交流和向纵深、高质量发展。通过太极拳人文交流，为国家"一带一路"倡议实施增砖添瓦。

5. 小结

中国—东盟的武术交流和发展是"一带一路"框架下人文交流的重要组成部分，武术在中国和东盟各国的发展是积极的互动，虽然在东盟各国的发展阶段不同，在各国的"融入程度"各异，但传入各国的形式、模式、内容等相对一致，只是因为各国体育管理体制不同，武术的发展成熟度区别较大。各国对中国武术入奥问题的态度比较一致，希望中国给予技术、资金和人才等方面支持和帮助，启示中国武术的发展应该多元化，和东盟各国文化和体制等高度融合，进而促进我国武术跨文化交流和向纵深、高质量发展，为中国武术早日入奥奠定基础。

第五章

新时代武术国际传播方略

一、理论基础：破坏性创新理论

美国克莱顿·克里斯坦森（Clayton M. Christensen）在《创新者的窘境》中首次提出"破坏性技术"，他被称为"破坏性创新"之父，[①] 他认为，许多优秀的企业，包括那些曾经被人们崇拜并竭力效仿的企业，最终却在市场和技术发生剧烈变化时，丧失了行业领先地位。究其原因，管理恰恰是导致优秀企业马失前蹄的主因，是因为推动它们发展为行业领先地位的管理方法同时也阻碍了它们发展破坏性技术，同时，过于倾听客户的需求导致市场的短视、小市场无法解决大企业的增长需求、组织中有一只无形的手在控制着资源的分配等，这一股股强大的力量阻碍了领先企业对破坏性技术的开发。[②] 克里斯坦森提出了应对破坏性技术的五大原则：一是企业的资源分布取决于客户和投资者；二是小市场不能解决大企业的增长需

[①] 克里斯坦森. 创新者的窘境 [M]. 北京：中信出版社，2010：1-2.
[②] UMESH B, SHALINI T, VIJAY P, et al. Disruptive digital innovations in healthcare: Knowing the past and anticipating the future [J]. Technovation, 2023, 125.

求；三是无法对并不存在的市场进行分析；四是机构的能力决定了它的局限性；五是技术供给并不等同于市场需求。针对这些原则，本研究认为可以采用一些应对措施，如设立一个独立的机构开发破坏性技术，独立开展新业务，或者尽早行动并主动发现新市场等，以便管理者能应对破坏性技术冲击，有效进行技术开发和寻求未来发展机会。①

斯晓夫等研究提出，克莱顿·克里斯坦森认为新进入者必须选择与在位者差异化的客户群，而且需要用新技术来生产产品。如果选择低端客户，就是所谓低端客户破坏策略；如果选择潜在消费者，则是新市场破坏策略。破坏性策略是打败强敌的有效方法但也是一把双刃剑，一方面，它可以促进社会的进步与发展，如企业家、创业者可以用技术来推动社会改革，用汽车颠覆马车和牛车，这当然是一种社会进步；另一方面，破坏性技术也可能给社会带来很大的负面作用，如共享单车就是一种破坏性创新。该研究还进一步提出市场创造型创新、持续型创新、效率型创新三种创新模式。②

苏启林提出，按照破坏性创新理论，中国可以选择对发达国家产业进行"破坏"来推动产业增长，而不是与发达国家的成熟产业进行直接竞争，在发动新市场破坏的同时，还要启动低端破坏，通过功能简化来降低产业创新的综合成本，对发达国家主流市场进行破坏。在产业创新的过程中，积累更多的耐心，培育更多具有破坏

---

① 克里斯坦森. 创新者的窘境 [M]. 北京：中信出版社，2010：1-2.
② 斯晓夫，刘婉，巫景飞. 克里斯坦森的破坏性创新理论：本源与发展 [J]. 外国经济与管理，2020，42（10）：125.

性的产业，来推动中国产业的持续、健康成长。[①]

武术发展历经数百年，在国际传播历史上，从中国走向日本、韩国、新加坡、泰国等东南亚国家和欧洲、北美洲、非洲以及南美洲等地域。有些国家已经将武术和本国的文化相结合，形成了独特的本国特色的传统体育项目，如韩国跆拳道等；有的通过华人、华侨在世界各国发展，武术文化尚未完成武术文化和当地文化的有效融合和发展；还有在一些国家零散的发展，武术文化尚未和本国文化碰撞和结合。基于"一带一路"倡议，走中华民族文化复兴路，理应因地制宜，运用破坏性创新理论，在不同的国家根据当前武术的国际传播现状，采取不同的破坏性策略，基于这些国家武术传播的现状，提出具体的武术国际传播破坏性创新战略。

武术国际传播破坏性创新战略模型如图5-1所示，以性能、时间、非消费情况为轴进行破坏性创新轨迹的研究。纵轴代表的是武术国际传播产品的性能，横轴是武术国际传播的时间，第三个轴代表武术新的顾客和新的消费环境。在不同的国家可以沿着第三个坐标（指的是武术持续性技术创新1和武术持续性技术创新2两条线），在不同的距离处出现：第一，武术持续性技术创新1能够带来的武术产品性能进步，随着武术在这些国家传播时间的推移，选择不同的武术国际传播战略，在原有的武术高端市场发起攻击；第二，武术持续性技术创新2带来的武术产品性能进步。第三个坐标轴上

---

① 苏启林. 破坏性技术、组织创新与产业成长预测[J]. 中国工业经济, 2006(11): 117-124.

<<< 第五章 新时代武术国际传播方略

产生新的武术产品市场称为新市场破坏，与之相比，低端破坏是指在原有武术国际传播的最低端对最无利可图、服务要求最低的市场发起攻击的破坏。低端破坏是植根于原有的武术市场而进行破坏。它们采取的是低成本商业模式，并没有创造新市场，主要是通过破坏原有武术市场获得发展空间。新市场破坏和低端破坏尽管存在差异，但它们的共同特征都是给武术市场现存者可能带来同样令人烦恼的困境。

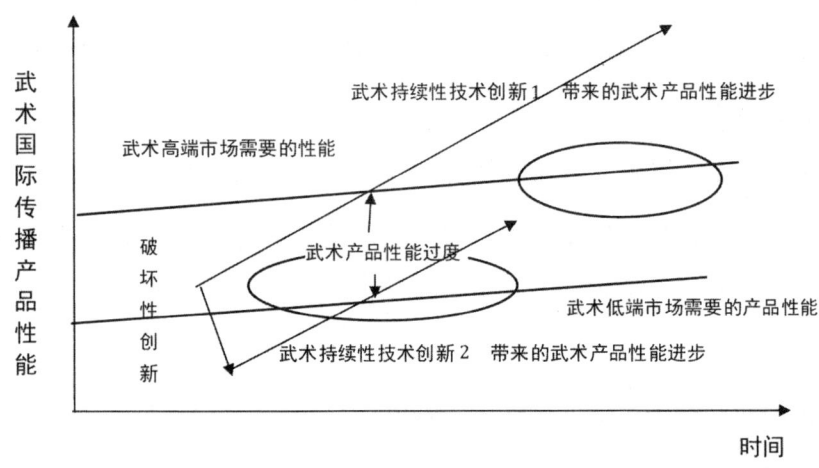

图 5-1 武术国际传播破坏性创新方略模型

综上，本书认为对于经济发达国家武术国际传播效果不太好的地区，采取高端性破坏创新和新市场创新相结合的战略；对于经济发达武术国际传播效果好的地区，采取高端性破坏创新战略；对于经济欠发达且武术国际传播效果不好的地区，采取低端性破坏创新战略；对于经济欠发达地区但武术国际传播效果好的地区，采取低端性破坏创新和新兴市场相结合的战略；对于经济发展水平中等传

119

播效果好的地区，可以因地制宜，选择高端性破坏创新战略或者低端性破坏创新战略；对于经济发展水平中等传播效果不好的国家，采取低端性破坏创新战略。

在武术国际传播破坏性创新战略中，最重要的两个要素是武术产品性能和时间。其中，武术技术创新是武术国际传播破坏性创新战略的关键。无论是在高端市场还是在低端市场，都需要对现有的武术技术体系进行适当的改良，把传统武术与当地文化结合，按照本地人文化习惯和体育参与习惯，将武术融入其中，以提高武术国际传播效果。

时间是武术国际传播破坏性创新战略的重点。首先，需要全盘了解武术在目标传播国家的历史进程，尤其是重要的历史节点，基于此并结合这些国家与中国的政治文化交流情况，预测其未来发展前景。其次，总结武术在这些国家传播的特点，找到传播中可能存在的问题，分析其原因。最后，根据这些国家的政治、经济、文化等环境，因地制宜地采取不同的破坏性创新战略，最终达到有效传播武术的目的。

利用破坏性创新理论时，要结合不同国家武术传播的情况，通过创新武术技术体系，包装武术相关产品，将民间交流、政府交流、个人交流和新兴媒体交流融为一体，将新兴媒体与当地"一比十置换"等市场推销方法相结合，采取高端性市场破坏战略、低端性市场破坏战略和新市场创新战略相结合的手段，加快武术真正"走出去""住进去"步伐。

二、新时代武术国际传播创新方略

基于文献研究和一手资料，研究发现当前武术国际传播最好的两个项目是少林拳和太极拳，我们国家体育行政部门应该动员一切可以利用的力量，建议河南省敢为天下先，做"吃螃蟹第一人"，利用河南省之力，把少林拳和太极拳在现有的基础上进行改造，编撰出一套可行的武术套路，将武术表演和武术技击在不同的武术教学体系中展示出来，经过武术品牌的视觉形象设计，将武术名人和现有武术人才相结合，通过现在年轻的武术明星将武术传播出去，提出几套武术品牌推广营销方案，以适应在不同的国家和地区进行推广。在武术人才遴选方面，可以在国内武术技战术、理论、外语水平等都比较好的教练、学生运动员、武术名家、留学生中选取，并进行正规培训，培训合格后，送往"一带一路"共建国家，给予资金、资源、制度等多方面保障，让他们没有后顾之忧，安心在国外进行授拳，将武术技击术和中国文化一起打包销售，为我国武术文化潜移默化地融入国外文化中奠定基础。在进行传播之前，必须明确我们武术国际传播的战略定位、战略目标、战略内容和实施方法，明晰其目的和任务。根据武术国际传播的理论模型进行设计，根据不同国家的情况采取不同的破坏性传播战略：高端性破坏创新战略、低端性破坏创新战略、新市场创新战略，或者两种及两种以上战略结合，以适应不同的国家不同的人群，实现战略目标。

（一）武术国际传播的战略定位

武术是我国优秀的传统文化，是中华民族的传统体育文化，是人类先进的文明成果。越是民族的，越是世界的，武术国际传播的战略定位是：立足国内，传播武术文化；放眼国际，共享人类武术文明，共建人类健康命运共同体。将武术国际传播的产品性能、时间、新的顾客和新的消费环境与武术国际传播的所在国联系起来，根据具体情况调整武术国际传播在各个国家的战略定位。

（二）武术国际传播的战略目标

武术是我国对外文化传播的"窗口"，是"一带一路"倡议的人文交流项目，基于国家"一带一路"倡议和人类命运共同体的共同愿景，建议确立我国武术国际传播的战略目标：通过武术的国际传播和传承，让我国优秀的文化基因和和平发展的理念潜移默化地影响国际武术爱好者。和这些国家建立良好的合作共赢关系，将武术置于两个国家的经济交流和文化交流中，加大中国与这些国家的经济和文化等领域的合作，促进国内国外双循环，促进人类命运共同体的发展。

（三）武术国际传播的战略内容

将武术通过经济学理论"破坏性创新理论"进行包装，打破我国以往的通过孔子学院"送文化上门"的思路，把武术包装起来，从武术战术体系、理论体系以及武术文化体系进行系统梳理，将武术分门别类，重点将国际传播效果较好的拳种进行包装，对武术国际传播者进行统一培训、统一要求，对教授的内容和形式进行一体化培训，统一口径；对于已经在外传播的传播者进行培训，要求国内外口径一致。

以图5-1中三个核心因素，即武术国际传播产品的性能（纵轴）、武术国际传播的时间（横轴）、武术新的顾客和新的消费环境（第三个轴）为中心，将武术国际传播理论模型中的七个要素和武术国际传播创新方略模型相结合。武术国际产品的性能包括武术国际传播者和武术国际传播内容，武术国际传播的时间包括武术国际传播效果，武术新的顾客和新的消费环境包括武术国际传播受众、武术国际传播环境、武术国际传播路径和武术国际传播反馈机制。

1. 武术国际传播产品的性能

武术国际传播产品的性能与武术国际传播者和武术国际传播内容密切相关，传播者综合素养、传播内容与武术国际传播产品的性能成正比，简言之，传播者综合素养越高，武术国际传播产品的性能越好；传播内容越适合当地，武术传播产品的性能越好。

（1）武术国际传播者：参差不齐 有待提高

新中国成立以来，我国武术的国际传播者主要包括民间武术交流的拳师，官方组织的武术老师、表演队、武术运动员、武术明星，还有国外的华侨、华裔中的武术教练、武术老师、武术运动员等，还包括后来的孔子学院外派的武术教练、武术老师，以及在国外留学或者工作的武术爱好者及传承人等。

民间的拳师、孔子学院援外教练、留学人员以及在国外工作的人员和华侨华裔是我国武术国际传播的主体，目前需要弄清楚以下几个问题：

第一，什么样的人才能成为传播者？

国内外的武术国际传播者大部分是没有经过筛选的，传播者的武术水平和素养参差不齐，已经成为武术国际传播的重要掣肘。

如 C9 所言，"医生对药品得清清楚楚，拳师对动作的效果要清清楚楚。那么，现在就需要拳师的更新换代，知识的完全更新。传统的拳师都不具备，反而是学院派的这些太极拳老师是领先的，在这上面做得是比较好的。在这方面可能国外比我们做得好，因为我们很多拳师都在国外接触他们的测试，我们在国内很少接触、遇到这种测试。"（C9 口述，2020 年 7 月 11 日）希望武术国际传播者朝着这个方向发展，但前提是有目的、有计划地组织和培训这些武术国际传播者，让他们能够更好地适应瞬息变化的国际环境。

C8 认为，"让民间拳师走出去，因为真正的好技术，往往是掌握在民间拳师手里面的，传统的技法和技艺，民间拳师都是口口相传的，但是这些拳师大多英语水平非常差，对他们进行语言的培养，然后形成规模，输送出去，我觉得这应该是政府下一步要做的事情。""语言障碍，我认为现在年青一代的拳师，只要是经常出国的，语言上不存在障碍。存在障碍的话，就是一些老一辈的拳师，一些名人名家，因为对语言的学习比较慢，他们出去之后可能会出现一些语言障碍，但也有很多在国外教拳的朋友对我说，即使你不说英语，用肢体语言去比画，外国人也是能懂的。所以我觉得语言障碍并不是一个特别大的障碍，除非你在教一些纯理论的东西的时候，可能会成为障碍，但是在技术的教学中，语言是不会成为障碍的。"（C8 口述，2021 年 11 月 12 日）

N 国省武术管理中心主任 M7 提出："印度尼西亚这边，有一两位教练是从武校出来的，像我们从塔沟出来的，少林寺这种表演来了之后，他们教不了竞赛套路，不是竞赛的规格，我们就感到很麻烦。哪个层面该学习什么样的东西，哪个年龄该接触什么样的套路，他们都不太懂，说得严重一点，有点儿误人子弟。"（M7口述，2021年11月16日）

第二，武术国际传播者的认识问题。

武术国际传播者的认知和意识决定武术国际传播的广度深度，对于武术国际传播的效果至关重要。

C9认为："C地的健康意识比较淡，我觉得这也是C地的拳师需要去转换的，因为太极拳对人类的贡献应该在健康上。"（C9口述，2020年7月11日）

M10认为，"现在的拳师，思想不统一，这是个大问题"。（M10口述，2020年7月13日）C1对拜师问题提出自己的观点，"不光是武术，别的项目应该都是一样的，要有师徒传承。"（C1口述，2021年11月8日）

C8则认为："在过去有一句话叫作'一处磕头，四处学艺'，就是我拜一个师父，这个师父就是我的父亲，一日为师，终身为父；但是我拜这个师父，他并不会影响我去学拳，因为真正开明的师父是为了让弟子越来越好，他身上的东西越多，他以后成才、成名越顺利。这种积淀越多，他以后才能更容易成功，不要去限制学生，还有就是没有必要去贬低其他的门派来凸显自己的门派，每个门派都有优势和劣势，并不是说哪一个门派是完美的。"（C8口述，2021年11月12日）

第三，武术国际传播者各自为战、缺乏统一的传播规范。

武术国际传播者缺乏相应的规范和要求，目前尚处于单打独斗、各自为战的局面，没有形成传播共同体，需要相关部门解决目前的困境。

C8认为："现在还用单打独斗的方式去传承，显然是不能形成规模的。基本套路要统一。"（C8口述，2021年11月12日）

M11认为太极拳出现一些负面情况很正常。"应该说社会上会出现有像徐晓冬这样的人，这是很正常的事情。不能说是假的太多，因为很多老师把太极拳练着练着，思想有点不太正确，讲的东西有点不太对，所谓的不对，就是解释得不对，就会出现这个问题。所以，太极拳无论对以后养生，修身养性，还是锻炼身体，抑或是练习功夫，思想都不应该错。"（M11口述，2020年7月13日）

"武术的传承，除了学院派之外，多以师徒相传作为主要传承手段，各立门户、各自为战、互不交流，也同样不利于武术的传承与发展，更不用说文化背景迥异的对外传播了。"（研究者R11口述，2021年11月20日）

第四，武术国际传播者的个人素养问题。

武术国际传播者直接和传播受众接触，其一言一行都影响受众，使受众对武术的认知和态度发生一些改变。因此，传播者的综合素养，包括品德素养和技术素养，至关重要。大部分传播者认为应该提高传播者的素养，让他们帮受众埋下喜爱武术的"种子"，需要提高传播者的综合素养，包括专业技术能力、礼仪、武德、医学知识、康复养生等。

C9认为："推进新的发展存在问题。像B县，问题主要出在拳师身上。拳师是文化的载体，这个载体来播撒种子来培养人才，如果他的能力、他的专业素养没有提升的话，那么我们在推广的时候一定会遇到很多问题，甚至起到负面效果。"（C9口述，2020年7月11日）

C5认为："现在C地包括B县有很多拳师在外面教拳，这些人都是以传承人、教练的身份出现的，这些人的水平参差不齐。"（C5口述，2021年11月10日）C11说："我们现在也在尝试做太极拳培训和康养，康养也可以有一部分是培训，我们可以让医专的学生学太极拳，再加上他的医学知识，结合运动处方，再去做康养这一方面的内容。"（C11口述，2020年7月11日）

C12老师建议："太极拳应该有一个比较严肃的或者是比较客观标准。真正对太极拳做出贡献的人，或者说德才兼备的人，特别是在A市，应该享受到一些政策。武术传承人应该是有社会地位、享受一些福利政策的，这是A市政府应该办的事。"（C12口述，2020年7月13日）

第五，武术国际传播者的未来发展趋向。

谈到武术国际传播者的未来发展趋势，国内管理者认为，政府应该担负国家武术教学工作，向海外输出武术人才。一方面，与国内众多优秀的武术人才相比，国外武术管理部门优秀的教练员比较短缺。无论到中国来学习还是将优秀的教练员请到国外去，费用都是比较高的，这是制约武术在国外高质量发展的重要因素。另一方面，国内高质量的教练员比较缺乏，有待提高教练员的素质和教学水平。M8提出："作为H省武术管理部门，我们主要承担国家委派的国际武术教学工作，根据教学工作的要求，向海外提供高水平教练员，这方面主要是国家出资。担任教学工作的教练员其本身专业技术水平都很高，长期从事教学工作，有国家颁发的职称等级证书。"（M8 口述，2021 年 11 月 15 日）

国外传播者则认为武术高水平高素质传播者比较匮乏，从中国直接聘请教练花费昂贵，需要调整发展思路。M7 对武术国际传播者的未来发展趋向提出了个人的看法，"因为省队是搞专业的，他们现在遇到的问题也是与专业人士的交流太少，去中国训练一年两次，费用昂贵，不是每个人都能去；请中国教练，也不是每个地市都能请，这个费用也是比较高。"（M7 口述，2021 年 11 月 16 日）

对于传播者，要求武德水平高、技术水平高、外部形象好、有责任、有担当、有志于武术的国际传播。官方要对传播者进行严格的培训和选拔，签订保密协议和合作协议，在政策、技术、资源、资金等方面给予一定的支持，协助他们在国外站住脚、扎根、发芽，促进中外的武术、文化和经济等方面的合作和交流。

（2）武术国际传播内容：传统与竞技 因地制宜

第一，传统武术不再传统。俗话说，越是民族的越是世界的，武术作为我国的传统文化，历经几千年的发展，到了现代，传统的味道越来越淡，走出去的武术国际传播者为了迎合外国人的"口味"，武术越来越"操化"，越来越"标准化"，慢慢失去了中国传统文化的"味道"。

如 R9 所说："国外武术把中国武术当作体操、舞蹈等，我们的武术传承、传播：其一，只有动作数量，只求动作规格，技术丢掉了原技法，作用价值丢掉了攻防。其二，失去拳种本意，任意创编动作，随意性和舞蹈化普遍。"（R9 口述，2021 年 11 月 15 日）M4 认为"太极拳操"是目前太极拳传播的一种常态。

武术尤其是太极拳，也是最近发展起来的，太极拳内容处于探索阶段。太极拳作为一个运动项目，最大的功能是健身，能够给人类带来健康。

M5 认为"太极拳也是这几年发展起来的，早期的时候太极拳也一般，就是个普及项目。从全民健身战略提出以来，太极拳没有太大的进攻含义，就是起到健身（项目）作用，太极拳的健身意义被放大了，但是它的积极意义，也在慢慢地消失"。（M4 口述，2021 年 11 月 17 日）

C2 认为"一般人家也有慢走、快走，做有氧操，健身活动。健身的方法很多，途径也很多，这里面就有一个偏好的问题，所以就这一个功能只说健康，而别人去学这个武术，实在勉为其难。没有亮点的东西是没有办法让别人信任你的"。（C2 口述，2021 年 11 月 9 日）

M10 觉得家族式发展影响太极拳的健康发展。"家族式发展，师承观念非常清晰。我跟那位老师学了，我就是维护那位老师的利益，甚至诋毁其他老师。所以根据这一个情况，我提出要改变这种情况，但是现在改变不了。"（M10 口述，2020 年 7 月 13 日）

C1 认为"我是在大邱，它属于韩国第三大城市，我感觉学武术的人超级少，即使有人学，学的也是那种变了形的武术，不知道怎么传播的，变形了很多"。（C1 口述，2021 年 11 月 8 日）

第二，武术标准化与传统武术。在武术国际传播的过程中，我国自新中国成立以来一直在探索,什么样的武术更容易被外国人喜欢和接受,什么样的武术更容易传播。1955 年,毛伯浩、李天骥、唐豪、吴高明等再次研究,决定以流传面和适应性最广泛的杨式太极拳为基础创编,最终由李天骥执笔,并以他演练的动作拍摄了照片,出版了书籍和挂图。由于该套路共 24 个动作,所以人们习惯上称为"24 式太极拳",简化太极拳的创编在中国武术史上占据重要地位,是武术标准化道路上的里程碑。1956 年 12 月,在北京举办了 12 省市武术套路比赛,会上试行了"5 条 40 字"的评分标准,这为后来制定武术竞赛规则奠定了良好的基础。[①]

传统武术在国外之所以受欢迎,是因为传统武术相对是稳定的,国内外的体育价值观差异导致对武术的认知并不相同,武术要在国外传播的话可以通过高校和传统武术两条线。

M3 认为"很多国外的人喜欢武术,因为我们的传统武术相对来说是稳定的。它基本上从自身的技术、特点以及规范出发,不会根据什么规则随时改变,而是保持传统特点"。(M3 口述,2021 年 11 月 10 日)

R3 认为"拿出去,它要是做健康养生的这种方式,体育运动项目国外也有很多种,我为什么要选择武术,这就是我们需要去反思的问题了,国内咱们大家都接受这种观念,国外的价值观我觉得很难改变。健身的话,可能有很多健身的方式,学武术,可能很多人还是觉得比较能打的,这一点国内还是区别比较大的。必须根据国

[①] 杨祥全. 根基乍立:新中国武术史之一 [J]. 少林与太极(中州体育),2012(3):1-7.

内外不同国家的客观情况进行相应的考虑"。(R3 口述,2021 年 11 月 12 日)

R4 则认为"两个路线同时走,一个是传统武术。它是很特殊的。第二个就是利用高校老师,做的就是一些关于武术的保护传播的课题,利用各种讲座,在国外进行传播"。(R4 口述,2021 年 11 月 17 日)

在国外,真正喜欢武术的人,他们对武术的认同感让人非常感动。在不同的时期,武术国际传播受众也不一样。在改革开放初期,一些比较"贫困"的外国人到国内武术之乡学习,在"一带一路"背景下,武术国际传播基本上仍然以政府推动和民间交流为主。

M4 提到一个非常有趣的事情,"在 20 世纪 80 年代,来中国学习武术的大多数是收入较低的底层人,拿着国家的救济款来 D 地学习太极拳,除了学费,可以在中国生活得很好,还能在中国学习传统文化,他在中国五六年了。这个很有意思。徐晓冬打假,但是攻击传统武术就不对了。"(M4 口述,2021 年 11 月 17 日)

M5 提到,"外国人说他喜欢,这个认同感让我们很感动,我们走出去并不是崇洋媚外,对我来说更不是为了生存,因为我有学校。我觉得最大的感动就是他们对传统武术的尊重和认同,他们跨越年龄、跨越国界、跨越种族,他们这种共同的爱好令我非常感动,也在他们身上学到了很多东西。我们国内的项目并不是太多,但是他们对传统武术很喜欢。我觉得传统武术是一个非常能走出去的传统文化。国家应该对传统武术加大宣传力度。我感觉传统武术基本上都是靠个人的能力走出去的,很少有公司去推动扶植的;因为武术本身非常多，但到最后这是吸引他们的地方，可能还有传统的。"（M5口述，2021年11月9日）"武术蕴含着中华文化的价值观念和哲学方法。世界上越来越多的国家和地区喜爱中华武术，除了喜爱其竞技特色外，尤其对中华优秀传统文化特别喜爱。比如在2019年'一带一路'太极活动中，30个国家36个城市参与其中；现在的'武术梦·中非情'大型融媒体活动，非洲28个国家和地区参与。外国友人选择中国武术，主要还是对中国传统文化的喜爱，这是一个基本的出发点，通过对武术的学习，延伸到对汉语的学习，又会延伸到对中国饮食、民俗等相关领域文化的认知。传统拳种的'国标'工程建设势在必行，优秀拳种的种类繁多，工程庞大，需要投入大量的工作。这些优秀的传统拳种在国际武术文化交流中很受喜爱。"（M8口述，2021年11月15日）

武术标准化和传统武术内容的传播是当前武术国际传播的主要内容，一些受访者认为传统武术是最好的，也有一些受访者认为竞技武术标准化有利于武术推广；但是也有一些受访者认为应该有更好的办法将传统武术和标准化的竞技武术结合起来，有的受访者认为武术应该越来越简化，也有持不同意见的受访者，不建议对外武术国际传播时将武术标准化。

C8认为"传统的才是最好的，推出去的内容也应该是原汁原味的东西"。（C8口述，2021年11月12日）"他们说China功夫，都知道是功夫了，上升到一个中国的传统文化了。而在以前，这是一种运动健体的，而现在上升为传统文化，还有健身、防卫的作用。"（C11口述，2020年7月11日）M9提出个人的看法，"太极拳现在宣传上有些误解，对养生这方面宣传偏重了一点，但是对于它的搏击、技击，放松了一点，宣传不是那么到位"。（M9 口述，2020 年 7 月 13 日）C3 认为，"传统与竞技是一个更好的结合，不能丢了武术，不能丢了传统，丢了传统就等于是丢了自己的真正的传统文化，丢了自己的真正内涵。"（C3 口述，2021 年 11 月 16 日）C9 认为"太极拳发展存在的这些问题，我是有些担忧。传统文化越是好的，越是优秀的，它越不能让人一眼就喜欢。一看平淡无奇，只有你深入进去了才发现它的好、它的精华、它的精髓，所以这是一个很大的缺陷。太极拳，我想它将来的发展走向一定是越来越简化，越来越简洁，越来越高效，它一定会往这个方向走，要不然的话现在我们都已经对传统这些套路有很大的担忧了，我觉得将来很可能这些传统套路都会没有掉"。（C9 口述，2020 年 7 月 11 日）

C8 说："标准化套路做出来，无非就是好学，便于推广，但是它并不是真正的武术，它只是武术用操化表达，就相当于在民国时候推出的中华新武术那样，其实就是将武术进行了操化，它的动作其实和传统的东西已经区别非常大了，所以我觉得我们对外推不一定非要推标准化的东西。"（C8 口述，2021 年 11 月 12 日）M5 提出"国外喜欢中国真正武术的根，而不是现在改变的东西，其实就是把传统的东西弄出去，那是最好的"。（M5 口述，2021 年 11 月 9 日）M8 提出"世界上越来越多的国家和地区喜爱中华武术，除了喜爱其竞技特色以外，尤其对中华优秀传统文化特别喜爱"。（M8 口述，2021 年 11 月 15 日）

"传统文化本来已经受到很多制约了，如果我们的传统文化还是老守着现在这种状况的话，必死无疑。所以传统文化一定要改，一定要去找符合时代的节奏才可以。太极拳传统思想上不能变，我觉得这种思想本身就是糟粕，什么是太极？太极就是变化，阴阳变化，它失去变化那就不是太极了，是死的。所以我说变，必须得变。后来这些老一辈的拳师，现在也都知道了，都在做一些改进和改变。但是这些改进和改变我觉得有时候可能是一种盲目的，只是知道要变，但是不知道该怎么去变。"（C8 口述，2021 年 11 月 12 日）

武术拳种不同，其受众各有不同。传统的理念认为太极拳更适合中老年，少林拳更适合青少年。在武术之乡，大小洪拳也是比较受欢迎的，传播出去的主要是少林拳和太极拳，影响了其他武术拳种的生存和发展。竞技武术套路在国外青少年中也是比较流行的，是国外武术竞技体系的主要表现形式，因为竞技武术比赛需要而推动武术竞技套路的发展。

"少林拳适合青少年，青少年活泼，太极拳适合中老年，其实这个理念是需要改变一下。"（C12 口述，2020 年 7 月 13 日）C1 认为"但是别人会认为太极慢，少林拳的感觉比较快，他很明确地知道这在一个体系范围之内"。（C1 口述，2021 年 11 月 8 日）C2 说："咱 H 省比较流行的有大洪拳，小洪拳。"（C2 口述，2021 年 11 月 9 日）

M5 提出"少林自然不用说，它的宣传比太极拳还好，各种武侠小说，就是无形之中的宣传力度。太极拳也是这几年起来的，然后是形意拳。现在就被夹在这两个拳种之间，上不去也下不来，位置其实挺尴尬"。（M5 口述，2021 年 11 月 9 日）

C3 提出"主要是教竞技套路，带他们比赛，因为带的是省队，主要教国家竞技的项目，咱们国家有规定的第一套拳，第二套拳，第三套全新一套，然后自选加难度加规定动作还是我带的，这些人可能都是相对来说大一点"。（C3口述，2021年11月16日）

第三，武术技术教学和拳理教学问题，技术教学为主，拳理和武术拳种的文化教学为辅，有研究者建议，将两者有机地结合起来，以提高武术国际传播效果。

M6讲道，"国外授拳大部分还是技术，拳理拳法是一个比较小的部分，会讲一些这些故事类似于故事渊源之类的东西，提起他们的兴趣。""受疫情影响，新媒体的这种网络视频内容传播，效果差异很大，去上课的时间可能会很少，我们这边提供教练还要跟着他们的时间，加之不是手把手教，肯定教育效果上面也不太好。"（M6口述，2021年11月10日）

C1认为技术教学为主，很少教拳理。"很少教拳理和内涵。这个东西对于初学者来说意义并不大，你首先会需要很长的时间，然后教一套武术动作，再说作用，一开始就听不懂，而且非常不感兴趣，甚至会反感，太深奥的东西，就会觉得这个东西很难，他就不愿意学。到时也会讲，把它简化。"（C1口述，2021年11月8日）

C8认为"在技术教学和拳理拳术，分别占多大比重方面，我觉得从我的角度上来说，应该是三七，就是技术教学占70%，拳理拳术占30%。因为受到语言的限制和文化背景的限制，从东西方的哲学思想上来分析，就不是一个哲学体系"。"其实在外国传播太极拳，没有说哪些内容好教与不好教，因为无论咱们中国出去的拳师教什么内容，当地的人都是比较喜欢的，尊师重道，其实外国人比咱们大多数国人都做得好，就是无论老师教什么，他们都会非常用心学。说的话和做的动作，他们也会去记录，很认真地去观察，所以我觉得教什么内容，当地人都会很喜欢和接受的，这个不分是传统套路还是规定套路。"（C8 口述，2021 年 11 月 12 日）

R6 认为"我们要做的事，感觉心里比较舒服的，我们思考怎么样把技术和拳种理念结合起来"。（R6 口述，2021 年 11 月 17 日）

基于受访者观点，对武术国际传播内容，建议邀请在国际上传播武术较多的武术名人、一般武术传播者和研究者，集中讨论和研究武术国际传播的重点内容，主要对太极拳、少林拳、形意拳等拳种进行统一，研发出武术国际传播的技术体系、文化体系和战略内容，分析不同国家武术国际传播的教学方法和教学内容，根据这些国家和我们国家的关系，采取不同的破坏性创新战略。

针对当前武术国际传播者水平参差不齐的现状，想有序地提高传播者的综合素养，需要有组织、有计划地对武术国际传播者进行全面的综合素养培训，包括技术培训、礼仪培训和语言培训等。针对武术国际传播内容，中国武术协会应该组织相关武术教练、武术研究专家、武术管理者和外国武术协会相关人员，探讨不同国家武术传播内容体系、技术特点，不同语种武术翻译等，以确保武术国际传播内容能够适合不同国家的文化和人民，以提高武术国际传播的效果。

2. 武术国际传播的时间——武术国际传播效果：空间被"挤压"亟须挖掘生存空间

武术在某个国家传播的时间长短，在一定程度上能够反映武术国际传播效果的好坏。武术国际传播效果是武术国际传播时间的表现形式，是武术国际传播最关注的指标之一。目前太极拳的国际传播市场最大，"走出去"了，也有一些"留下来"了，但是"住下来"的不多。

M10 认为武术尤其是太极拳市场大，都"走出去"了，但 B 县和 A 市受益较少。"太极拳这一块儿，目前这种状况，应该从国家到省市，有 150 多个国家有太极拳组队。并且练拳的人有四亿之多，这是整个中国武术界，市场最大的一个拳种。但是目前 B 县的发展只能说墙里开花墙外香。B 县发展并不是能够适应整个市场。"（M10 口述，2020 年 7 月 13 日）

C3 提出："对武术的最新了解，就是从电影电视上获取的，比如叶问、李小龙，李小龙把武术带向了全世界，在此之前，虽然中国对外也有一定的传播，但是力度不大，而且外国对中国武术也不是太看好，李小龙他本身打出了一定的成绩，然后才把中国武术带向了全世界。"（C3 口述，2021 年 11 月 16 日）

M7 提出武术在印度尼西亚的传播相对比较落后，"好多本地人练武术还是存在影视传播上，感觉武术会飞檐走壁，他们还是感觉这个功夫停留在这个层面，他们不知道现在的武术的发展是这个样子的，媒体传播的影响力太大。"这也说明武术在国外传播的滞后性，中国武术现在是什么样子，尚未传播到国外。（M7 口述，2021 年 11 月 16 日）

我国武术国际传播的效果因为不同的国家而异。武术传播中以少林拳和太极拳为主要代表，在不同的国家，传播情况有所不同，应该根据国家而定，受"一带一路"倡议影响和国际政治和经济环境的变化，目前武术国际传播遭遇不同程度的问题，总的来说是孔子学院受到抵制、外国国民抵制、武术尤其是太极拳污名化严重，亟须结合当地情况，找到武术生存和发展的空间。

M7 提出："他们（印度尼西亚）不知道这个武术的攻防含义，不知道这个动作是干什么的，他们只知道摆出来一个动作。第二个就是语言，语言也是一个很大的问题，他们不能更好地理解为什么要这样，他只是在模仿，一味地模仿，那肯定就不能超越，不能编排出创新出更新的东西。"（M7 口述，2021 年 11 月 16 日）

由此可见，目前国内教练和国外受众进行交流时，因为语言和文化障碍，交流存在阻碍，导致武术传播的效果缩水，这是阻碍武术国际传播的重要因素。

"武术文化博大精深，总会遇到喜欢它的人。一味夜郎自大，只会走入末途。久旱逢甘霖，他乡遇知音。热爱武术的研究者终归走到一起，遵从传播的自然规律，一同研究，不断发声，为心中的那份热爱和情怀贡献绵薄之力。"（研究者 R8 口述，2021 年 11 月 16 日）

M3 提出："美国相对来说经济比较发达，美国人在交流和学习方面没有咱们亚洲的一些国家做得那么好，那么普及，或者那么多的人了解得那么深刻；但是他们有一种好奇，即通过武术了解中国文化，了解东方文化。"（M3 口述，2021 年 11 月 10 日）

"影响传播效果的因素中，第一是语言，第二是理解，他们不懂，只是摆一个架子，好像就是舞蹈一样摆出来没有内涵，如果没有内涵就是这个动作缺少了禁忌。缺少了这种意识，那就是舞蹈，

所以这个也非常重要。"(C3 口述，2021 年 11 月 16 日)

武术国际传播时间是检验武术国际传播效果的主要标准。要提升武术国际化传播的效果，必须从当地的语言和文化着手，克服语言障碍，让真正喜欢武术的人理解武术文化，让他们体验到武术带来的益处，如健康、升学、竞赛成绩、个人专长、经济收益等。培养本土化武术人才是当务之急，以师徒传承或者品牌经营连锁的形式，以感情为纽带，或者以经济收益为支点，让当地人成为武术国际传播的利益相关者，从内在动力出发，死心塌地为武术传播服务。像国内的跆拳道武馆及教练，在中国已经形成了跆拳道传播的"自觉"，无须韩国人给予任何支持就做得很好。

3. 武术国际传播新的顾客和新的消费环境

武术国际传播新的顾客是武术国际传播受众的拓展和延伸，包括武术国际传播受众和武术国际传播路径，新的消费环境包括武术国际传播的人文环境和政治环境，还有武术国际传播路径和反馈机制。

（1）武术国际传播受众：语言文化障碍 本土化战略

武术国际传播受众以华人为主，其他国家原住民为辅。在比较受欢迎的少林拳等武术拳种上，外籍原住民比例加大，有基础的年轻武术习练者居多。传播受众存在的最大问题是因为语言障碍，不能完全理解武术的内涵和"精气神"，"学虎画猫"，不能够理解拳理和攻防等内涵。

M5 认为："来学习武术的都是有基础的，都是教练或者校长。学生占不到一半，就是公开课的话，1/3 差不多去培训教练的，新手

基本没有，或者1/10，大多数都是老手。年龄在18岁到40岁之间的居多。"（M5口述，2021年11月9日）

C3说他带N国的省队，"主要群体是青少年还有青年，10岁到30岁之间，这样的一个队伍带起来的困难是他们对武术动作的理解比较困难，同样一个动作，他们只是在摆架子上，缺少了武术真正的内涵，'精气神'体现在哪里，停在哪里，不清楚，这就是一个框架。他们缺少对攻防含义的理解，只是摆了一个架子，这是教的过程中比较难解决的一个问题。"（C3口述，2021年11月16日）

对于不同的传播国家，利用现有的国家武术传播者，对不同的国家武术传播的实际情况进行通盘摸底，然后有针对性地制定这些国家的武术国际传播策略。对于贫穷的国家，采取低端性破坏创新，通过功能简化来降低武术产业创新的综合成本；对于发达国家，发动新市场破坏的同时，还要采取高端性破坏创新，对发达国家体育主流市场进行破坏。

对于传播受众，应该根据不同年龄阶段的武术习练者的生理、心理发展规律，以及不同武术拳种的特点，有针对性地采取营销手段，将武术通过高水平教练、优美的武术传播室内环境、高档的武术场地、器材和服装等，包装成为受众心中向往的、高端的、有身份的人学习和训练的高贵形象，愿意学习武术，并成为我们所包装的武术人形象的人。

（2）武术国际传播环境：复杂多变 分层对待

对于传播环境，对和我国政治关系比较好的国家进行整理，对不同的国家进行分层和分类，通过目前传播效果比较好的，如新加坡、马来西亚等国家，武术传播者反馈回来的信息，及时调整传播环境的营造方式。对于和我国政治关系比较差但传播情况相对较好的，如美国、英国等，谨慎决策，及时调整武术传播手段和方式，利用武术的民间交流等手段尽量降低中外关系造成的经济损失，缓解中外关系。

对于和我国是战略合作伙伴的东盟国家、俄罗斯等国，采取比较主动的方法和手段，利用武术民间交流的便捷性，让更多人通过武术了解中国文化，认同中国文化，认可中国外交政策，加强和这些国家在经济、文化和人文领域的交流，带动两国经济合作、文化交流和人文交流，加固双方的关系，达到"你中有我，我中有你"，世代友好。

（3）武术国际传播路径：三足鼎立 VS 多元化发展

武术国际传播的路径主要包括民间、政府和个人三个方面。

第一，民间交流是我国武术国际传播的必经之路，也是将来的主要发展路径。目前，武术国家联合会已经成为奥组委的成员，武术已经是青奥会和亚运会的比赛项目，武术国际比赛众多，大多是武术协会发起的，属于民间交流行为。因此，竞技武术套路和传统武术套路以及相关器械的比赛，主要是通过武术民间交流的形式开展。各个国家之间的武术邀请赛、武术文化交流等也可能通过文化协会、武术协会发起，开展各个国家之间的武术交流，促进各国经济和文化交流。

在民间交流层面，还在政府支持、政策落实、发展支持、制度支持等方面存在一些问题。

141

C9认为:"包括A市,包括B县,对太极拳期望和投入,包括对它的未来的发展,都是很重视的,但是从我们拳师来讲,我们感觉只是口号,对我们本人来讲,我们没有感觉到很大的支持和提升,武术国际传播完全靠我们自己在做,没有得到很大助力。""比如村里这些拳师,他们都是靠自己到外面挣点钱回来,把家里整理整理,形成一个家庭拳馆。还有些人在外面工作教拳,教了多少年回来,回家连个基地也没有,想开个家庭武馆,政府也不给批。所以,这些对太极拳的发展很不利,如果抓住拳师这一方面可以解决很多问题。""A市和B县政府阶层一定要把思想统一形成合力,A市政府要让B县政府能够认可和愿意配合,而且能够带动整个B县的拳师或者是体育部门,所有的太极拳组织能够形成合力,需要上下兼顾,A市对我们B县多一些关心关怀,政府层面需要多多沟通。"(C9口述,2020年7月11日)

M8提出:"在民间国际交流领域,H省地方有名的拳师已经走出国门在海外建立了培训机构和训练基地,比如少林拳、太极拳名师们在东南亚、欧洲、非洲等国家都建有武术训练培训机构,数量还是很可观的。""武术学校、研究会、协会、教学点或者武术道馆等机构属于民间自行组织起来的,体育管理部门没有管理权限。在国外的发展主要是依靠拳师们自身的力量。"(M8口述,2021年11月15日)

第二,武术国际传播之政府路径。国家体育总局、文化和旅游部、外交部等部门因为国家需要,在一些必要的场合,仍然需要通过武术表演和武术交流赛等形式开展人文交流,达成文化、旅游、武术和外交的相关功能。经过包装之后的武术，可以通过官方途径展示给国际友人，将武术国际化传播统一化、一体化、规范化。政府交流层面，存在宣传不足、各级政府间内在矛盾突出、尚未形成合力等问题，理论研究高地尚未完全占有，对拳师的优惠政策尚未落实到位，段位制推广效果尚未显现。

C8认为，"我们A市是太极拳发源地，有很多拳师，既是人才的高地，发源地，也是太极拳研究的这个高地，才能说咱们是世界太极城。只有这个高地占领之后，才有号召力，就能吸引世界各地的眼光，这就是太极拳的中心。"（C8口述，2021年11月12日）M4认为"知名武术传承人应由政府出资，调配拳师，为拳师走出去提供支持。"（M4口述，2021年11月17日）

目前武术国际传播除了政府推动之外，是民间拳师在努力支撑着，他们既想得到政府部门的支持，又不想让政府管理。政府与民间有着共同的理想即推动武术国际化的深入发展，但是在主动权和利益分配等方面存在分歧，导致武术的国际化发展仍然没有形成凝聚力，尚未形成利益共同体，发展乏力，武术国际化传播阻力重重。

C12提出，"现在的民间拳师基本上都是自生自灭，政府不管，他们也不愿意让政府管，所以，很多人愿意往外走。我在外面教拳可能就跟在家不一样，都把这拳带到外边了，你这（里）就空了。所以传承人应该是有社会地位、享受的一些（优惠）政策的，A市政府应该立即去办。如果你有政策，你可以把有影响的拳师都吸引回来，甚至把其他流派的也吸引过来，大家都有个归属感，然后大家都成为一个真正的太极拳的中心。考评各种职称或段位级别，将

143

来权威的中心在这里，很多人都愿意来这培训，很多人在这学习，甚至将来我们把太极拳康养结合好，建太极康养院。"（C12口述，2020年7月13日）

R6认为："国家层面上，国家体育总局的武术管理中心，段位制推广只在中国，没有带出去，选拔人才时，应该专业、严格，出去传播的时候代表国家的形象。最起码是国家武管中心、教育部、宣传部、文化和旅游部层面开展武术高级人才培训，有人进入名单，获取经费、资源、语言能力，通过集中培训输出人才。当前武术管理中心和其他部门搭不上，上层协同性有待提高。"（R6口述，2021年11月17日）

M9认为政府的矛盾和利益分配影响了太极拳相关政策的执行和落实。"太极拳规划的可持续发展、政策的落实和延续等问题突出，比如搞太极城，缺乏明晰规划，最大的失误和缺憾就是活动做完了，太极城建设到底干什么？成为什么样子？B县和A市的政治冲突、利益分配等矛盾，影响了政策的执行和落实。"（M9口述，2020年10月2日）M10认为："B县太极拳还有一个问题就是单打独斗，没有形成规模，没有抱成团，没有形成聚力。"（M10口述，2020年7月13日）

第三，武术国际传播之个人发展路径。一些喜欢和擅长武术的华侨华裔不属于任何单位，而且已经在国外多年，已经被"本土化"，他们是武术国际传播的个人传播者的主要力量。因为工作需要在国外工作、留学的武术爱好者、武术老师、武术教练、武术传承人等，也是我国武术国际传播的重要力量。还有一些武术传承人，受国外友人邀请,以个人名义出国传播武术,是我国武术国际传播的有效补充。以上几种身份的个人武术爱好者、武术教练、武术传承人是我国武术国际交流个人交流的主要群体。个人交流方面存在着一些随意性,没有标准和规范,将武术和相关衍生品带出去的意识淡薄。

R6认为:"民间拳师较多,拳种的内容丰富,书籍、录像等也应该带出去,但是很多武术研究者和拳师出国交流时很少这么做。"(R6口述,2021年11月17日)

M2认为:"我们这些东西保留下来很难,就剩了几个老拳师,没有传承人了,这就面临着灭亡的风险。"(M2口述,2021年11月9日)M8认为:"在历史发展的长河中,孕育了无数的大河儿女,涌现出许许多多著名的拳师,这些著名的拳师在海内外的影响力很大,在国际武术文化传播中发挥着积极的作用。"(M8口述,2021年11月15日)

M10认为:"太极拳市场大,普及到位,就没有人愿意来到C地,他在家门口就可以做,导致我们这些拳师没有办法,只能出去教拳,在家收不了学生。拳师目前并不是说为了传承太极拳,为了公益事业,为了太极拳这种中华民族文化的传承,他现在都是为了养家糊口。""我刚才提的三个意见,第一,建立一面旗帜,一个太极拳,这是统一太极拳的主导方向。第二个就是要在B县要建立一个组织,建立一个高端的组织,武协不可能,我们县委县政府要拿出力量,把拳师统一起来。要出台一些优惠政策,对拳师给予奖励。对家乡有贡献的,给奖励,对太极拳发展有贡献的,给奖励,这样就可以把拳师的积极性调动起来，都为家乡做贡献，都为太极拳这个事业，奉献自己。现在的拳师，思想不统一是个大问题。"（M10口述，2020年7月13日）

"所以对于武术的国际传播，应该把握两点：以什么样的标准看？以什么样的心态看？我始终认为武术的传承、传播与发展，应该立足国内，或者立足于武术传播受众的需求。从受众需求的角度去考虑，研究成果或策略会更有针对性、实效性。否则，很可能陷于费而不惠的境地。"（研究者R11口述，2021年11月20日）

传播形式方面，可以根据各个国家的情况不同，因地制宜地选择形式。比如说美国，中美的政治关系不太好，但是美国人自由意识强，只要是武术能给个人带来好处，有良好的体验，这些美国人会死心塌地地学习和传播武术，不要通过官方如孔子学院，可以利用民间武术团体、协会以及武术名人等形式打开武术在美国传播的良好局面。传播途径方面，在国际上，武术的民间交流是畅通无阻的，建议以后的武术国际传播，除了国家外交和文化交流需要，最好是通过民间交流，消除外国的顾虑和敌对心理，有利于营造良好的武术国际传播环境。

但是随着武术国际传播的深入发展，传统的"三足鼎立"的传播路径已经不能满足当前发展需要，需要加入新的传播路径，实现多元化路径发展。如新兴媒体传播路径和复合型路径等。

第四，武术国际传播之新兴媒体传播路径。赵秋菊提出新时代武术文化国际化传播路径，建立武术文化互联网+大数据网络媒体。[①] 信息的传播从人际传播到网络传播，文化传播发生了根本性变化。武术是一种身体行为活动，从古代的口口相传、师徒传承，到现代的互联网平台、新兴媒体、APP 的短视频，其影响力之大、传播范围之广，是武术国际传播应该重视和采纳的新型手段。尤其是在新的历史发展阶段，国际环境复杂多变，武术尤其是太极拳走出去存在众多困难，新兴媒体是必不可少的手段，也是太极拳国际传播的重要路径。

第五，武术国际传播路径之复合路径。随着武术国际传播的日渐深入，武术国际传播路径不再是单一的某一种路径，需要根据国际环境的变化，选择两种或者两种以上的路径配合使用，需要开创复合型传播路径。比如，在美国，除了利用民间武术交流路径之外，应该结合个人交流和新兴媒体交流，根据实际情况，三种传播路径相辅相成，方可达到最佳传播效果。在相对落后的国家，应该调整原有的官方传播路径，向官方、民间和新兴媒体的复合型传播路径转变。

（4）武术国际传播反馈机制：建立反馈立体网状机制

武术国际传播反馈机制方面，从对各类人群的访谈看，尚未有明确的反馈机制；但是各级武术管理中心因为工作需要，负责对知名武术传承人进行对外交流的调配，有对外交流需要时，具有人员调配权，应该有一定的反馈机制，但是口头重视，在实际操作中轻

---

① 赵秋菊. 新时代武术文化国际化传播路径研究［J］. 武术研究，2021，6（4）：6-9.

视甚至忽略。访谈中，有一些被访谈者也对武术的进一步发展提出各自的建议。

M10有三个建议，"第一，建立一面旗帜，一个太极拳，这是统一太极拳的主导方向。第二个就是要在B县要建立一个组织，建立一个高端的组织，武协不可能把拳师都统一起来，县委县政府要拿出力量，把拳师统一起来。要出台一些优惠政策，给有贡献的拳师相应的奖励。第三个就是，打造一个品牌。C地太极拳以品牌来创立，全部是养生是不行的，要做搏击方面，同时像C地的推手、掤、捋、挤、按、采、挒、肘、靠等，把这些动作用到散打推手上面来，研究相应的规则，并且成型，向国家申报，同时向奥运会冲击。"（M10口述，2020年7月13日）

C9建议，"打造拳师一条街。C地好几百个拳师，不管你在北京还是在上海，在陈家沟应该有一个旗舰店，这个店每个拳师可以有一间房子，就是你的形象的展示。有了拳师展示的产生之后，第二步引流，云台山有每年上千万的客流量，弄个通票。这个票里面包含了去C地，去文化体验游。在车上编写好教室，一下车，直接进太极拳修炼所30分钟一个动作或者半个动作，进行体验。"（C9口述，2020年7月11日）

M10提出，"C地留不住人，应该怎样去解决？我想成立一个组织，把这些太极拳师组织到一起进行研究、解决问题，比如说健身或者技击，抑或是来C地旅游体验太极拳，把这些套路都弄好了。"（M10口述，2020年7月13日）

基于受访者的口述史和破坏性创新理论，亟待建立一个武术国际传播效果反馈情报立体网络，能够随时搜集武术国际传播效果信息，第一时间反馈武术在各国的传播情况，并及时地进行调整，最大限度地降低武术传播负面信息的影响力和辐射面。将搜集到的好的武术传播情况和方式方法，随时反馈到各个国家的联络者和传播者，将武术国际传播的效果控制在一个可控的范围内，尽可能地将武术传播效果好的经验和信息在更大范围内进行传播，引导舆论导向，为武术在国外的健康有序传播奠定基础。

增加武术国际传播新的顾客数量是武术国际传播效果好的重要体现，因此要克服语言障碍，实施武术本土化战略，通过多元化传播路径进行武术国际传播，以提高武术国际传播的效果。新的消费环境是武术国际传播的挑战，需要调整策略，适应复杂多变的武术国际传播环境，根据不同国家的政治、经济、文化和社会环境，分层对待；建立立体网状反馈机制，以适应国际瞬息万变的武术消费环境，尽最大可能提高武术国际传播效果。

4. 小结

第一，根据破坏性创新理论，把武术国际传播的7个要素对应起来，通过一系列手段和措施，进一步提高武术国际传播产品的性能——传播者和传播内容，有序地提高传播者的综合素养，因地制宜地选择传统武术和竞技武术套路等内容，以提高武术国际受众的接受度和认同度。

一方面，新中国成立以来，我国武术的国际传播者主要包括民间武术交流的拳师，官方组织的武术老师、表演队、武术运动员、武术明星，还有国外的华侨、华裔中的武术教练、武术老师、武术运动员等，还包括后来的孔子学院外派的武术教练、武术老师，这些人的文化水平、技术水平、传播技巧、传播理念、传播目标等各异，直接影响到武术国际传播的效果和目标的实现；摸清武术国际传播者在各国的实际情况迫在眉睫，建立立体网状的武术国际传播机制是最大的抓手。

另一方面，通过武术国际传播者，传播内容是和传播受众接触最多的，也是影响传播效果的重要因素。无论是武术的哪个拳种，在外国人看来都是"中国功夫"，至于门派等内容不是主要的传播内容，更多的是以各种门派为代表的传播者为主体将不同的武术拳种传授出去，少林拳颇受年轻人喜爱，太极拳受中老年和参与竞技比赛的青少年追捧，但是其他拳种的传播现状不容乐观。因此，应该针对拳种进行分门别类的梳理，以一种让人喜欢、容易接受的方式呈现出来。

第二，根据被"挤压"的武术国际传播空间，积极主动地挖掘武术国际生存空间，根据武术在各个国家传播的时间长短和传播效果，选择不同的提升武术国际传播效果的方式，延长武术在各个国家传播的时间，最终达到提高武术国际传播效果的目标。武术国际传播效果，以课题组研究的总体情况来看，还是不错的。对于不同国家的不同层次的受众，要进行详细的分层，分门别类，有计划、有组织、有针对性地进行传播，传播的效果可能会更好。

第三，武术国际传播新的顾客和新的消费环境。首先，武术国际传播受众因为经费和疫情关系，无法面对面交流，获取一手材料。根据研究各类人群的口述历史资料，发现大部分受众是因为喜欢才去练习武术，无论传授哪种拳种，他们都喜欢，有一种对"中国功夫"的执着和向往；对于那些"武术看客"，觉得好奇，看看还可以，或者可以体验一下，但不会坚持学习的人，是我们应该想办法争取的"潜在的忠实受众"；还有一部分受众，就是看看，甚至没有看到武术已经排斥武术，认为是外来文化，不愿意学习的这部分人，不必纠结，也不用想办法去"讨好"，"萝卜白菜，各有所爱"，不喜欢也是很正常的事情。

其次，武术国际传播的空间环境对其传播效果起着至关重要的作用，应当引起足够重视。国际环境复杂多变，武术作为人文交流项目，只有准确地把握国际传播环境变化的趋势，方可灵敏地制定传播策略，以有效地应对可能发生的环境变化，这不是武术管理部门能够独立完成的。建议国家武术管理中心和国务院、发改委、外交部、文化和旅游部等合作，为武术应对国际环境变化提供信息保障。

再次，武术国际传播的五种路径，目前最受欢迎的是民间交流，合乎国际人文交流规范；以孔子学院为代表的官方交流途径在一定程度上受到挤压和排斥，应该反思并及时调整战略和策略；零散的个人交流途径，影响不容小觑，应该加以引导，发挥更大作用。将传统的三种传播路径与新兴媒体紧密结合，能够在世界各国随时发声，并承载武术国际化传播的重任，前景无限好，"流量为王"的今天，内容是关键，复合型传播路径是武术国际传播的未来发展趋势。

最后，武术国际传播反馈机制。目前我国武术管理部门没有权限管理民间交流、个人交流的武术国际传播者。因此，对于这一部分传播者的传播效果等反馈机制是不够灵敏的，仅仅掌握官方交流途径的反馈，不利于我国武术更深层地传播和交流，建议国内成立专门部门，构建良好的反馈机制，能够获取来自三个途径传播者的反馈信息，为我国制定相应的传播战略和传播策略提供机制保障。

（四）武术国际传播的实施方法

以河南省为例说明武术国际传播的实施方法。

1. 建立武术国际传播的民间组织管理机构

在河南省武术协会下面专门设计一个部门——武术国际部，专门服务于武术的国际传播，负责和国内外武术传播者联系，并能够通过武术协会开展相应的武术国际传播活动（太极拳和少林拳），调配国内外武术相关资源。主要承担武术民间组织、个人交流，在国外能够更加方便地和当地学校、武术组织、相关武术团体和个人交流，组织各种武术教学、武术培训、比赛和交流活动，使武术更加接地气，和当地教育部门、体育部门、武术协会、武术爱好者和大中小学生有效连接，为武术国际传播奠定组织基础。

2. 建立专门的武术人才输出机制

建立专门的武术人才输出机制，在河南省范围内，根据传播需要筛选和选拔合适的武术传播人才，确定武术国际传播内容和传播人才的标准和规范，形成良性的人才输出机制，定期送出培训合格的武术专门人才，保障在每一个武术国际传播点的人员的可持续性。武术人才的资金支持和相关保障，由专门的基金会和政府公益基金支持，专款专用，确保武术人才的培育、培训、提升一体化，可持续性强，为武术国际传播人才提供专门、有效、贴心的服务和保障，确保武术国际传播的质量和效果。

3. 成立专门的武术国际传播基金会

成立专门的武术国际传播基金会，基金会专门服务于武术国际传播的人才培训、人才输出、人才工资和外派资源协调等，为武术国际传播提供专款专用，不得他用。武术国际传播基金会是公募基金，首先是由政府拨款；其次，通过企业募捐和社会募捐，扩大基金的资金来源；最后，可以通过个人捐赠、平台募捐等形式，丰富武术国际传播基金会的经济来源，确保基金会的正常有序运行。

4. 建立武术国际传播信息反馈机制

武术国际部成立专门的武术国际传播信息反馈系统，连接国内外武术国际传播者、武术国际传播团体和从事武术传播的华人华侨等，建立定期的信息反馈机制，负责统计武术在国外传播的情报信息，并及时反馈，能够第一时间解决武术在国际上传播的正面新闻和负面新闻，把武术文化交流的价值最大化，最大限度地降低武术负面影响。

5. 建立专业的武术专业营销团队

负责武术视觉形象设计和品牌包装，凸显武术拳种的特色，对不同的国家设计"适合本土化+武术"的传播模式。根据《武术产业发展规划》，包装一批优秀武术传播者，凸显武术男性的男人形象，彰显武术女侠的女性形象，设计符合不同年龄阶段的武术习练者的武术动画形象，将俊男靓女包装成为不同国家人喜欢的形象，又不失中华武术传统。在不同的国家，设计出不同规格的武术传播室内场地，将武术"贵族化"，在每个国家建立或者利用原有的武术协会，建立统一的武术品牌传播标准，进行"品牌化"包装和"连锁化经营"，可以在比较短的时间内形成规模经济，武术在这些国家生根发芽之后，只需收取武术品牌加盟费，慢慢地交给本国人经营和传播即可。

三、小结

新中国成立以来，国家从民间到政府及个人对武术的国际传播认识不同，不同的历史背景下我国武术发展需要不同，呈现出从武术整理挖掘"站起来"到竞技武术"走出去"，再到武术如何在国外"留下来"三个重要历史转折点，站在历史交汇点上，思考武术如何在国际上生根发芽并茁壮成长，是武术国际传播战略当前亟待解决的大问题。武术国际传播经过多年的沉淀，已经取得比较好的成绩，但也存在一些问题。基于目前武术国际传播的现状和困境，利用经济学领域的破坏性创新理论，重新审视武术国际传播策略，制定明确的战略定位、战略目标和战略内容，因地制宜地选择实施方法和实现路径，为我国武术国际传播提供建设性建议。

基于破坏性创新理论，将武术国际传播的产品性能、时间、新的顾客和新的消费环境与武术国际传播的所在国联系起来，制定具有针对性的武术国际传播战略。明确武术国际传播的目标，通过武术国际传播，加大我国与武术传播目标国的经济和文化交流，加快国内国外双循环，建立和完善人类命运共同体。

基于破坏性创新理论，将武术国际传播产品的性能、武术国际传播时间、武术国际传播新的顾客和新的消费环境有机地结合起来，根据不同国家的武术国际传播情况，通过建立一些专门的武术国际传播民间组织管理机构，成立武术国际传播基金会、专业的武术营销团队和专门的武术人才输出机制，通过立体网状的武术国际传播信息反馈机制，采取低端性破坏创新战略、高端性破坏创新战略和新市场创新战略，以提高武术国际传播的效果。

第六章

结论与建议

一、结论

自新中国成立以来,我国武术国际传播经历了三个时期:以民间交流为主的改革开放前的武术国际传播探索期(1949—1976年)、竞技武术走向世界的改革开放后武术国际传播的发展期(1977—2012年)、传统与竞技交融走向新时代的武术国际传播交流期(2013年至今)。

基于我国武术国际传播的历史和现状,以国际传播的"5W"理论和双向循环理论为基础,构建我国武术国际传播的理论模型:武术国际传播者、武术国际传播内容、武术国际传播路径、武术国际传播受众、武术国际传播效果以及武术国际传播反馈机制和武术国际传播环境。

我国武术国际传播面临七大困境:传播者水平参差不齐、传播内容五花八门、传播路径呈现窄化、传播环境变化复杂、反馈机制不顺畅、受众反应不相同、传播效果大相径庭。基于破坏性创新理论，结合武术国际传播的理论模型，重新审视武术国际传播战略，提出新时代武术国际传播创新方略：明确战略定位、确定战略目标，从传播者、传播内容、传播路径、传播受众、传播效果、传播反馈机制和传播环境七个方面重视战略内容，重点包装太极拳和少林拳两个拳种，因地制宜、分门别类地运用实施方法和实现路径，重点通过民间交流、官方交流、个人交流、新兴媒体和复合型路径实现武术国际传播目标，促进我国武术国际传播的深入，为我国武术国际传播提供政策决策依据。在不同的国家，根据武术国际传播产品的性能、武术国际传播的时间、武术新的顾客和新的消费环境，因地制宜地选择低端性破坏创新战略、高端性破坏创新战略、新市场创新战略，或者两种战略相结合，能够在武术国际传播理论模型的基础上，灵活运用战略，达到我国武术国际传播的目标。

二、建议

第一，建立武术国际传播基金会和民间武术组织机构，有计划地培养既懂武术又精通所在国家语言和文化的复合型武术国际传播者，成立专门的武术专业营销团队。

第二，根据不同国家的实际需求，利用多元化传播路径，有所侧重地传播传统武术和竞技武术。

第三，针对不同国家现状，分门别类地制定本土化传播战略，精准地找到武术生存空间，建立立体网状反馈机制，应对复杂多变的武术国际传播环境，通过包装，树立武术品牌，通过多元化路径宣传和传播武术，提升武术国际传播的效果，使武术真正地"住进去"，融入国外本土文化中。

三、研究不足

（1）最初的研究设计，要到"一带一路"沿线各国实地调研，但是因为研究时间和研究人力有限，这些情况只好通过口述史和访谈的形式进行，研究案例具有地域性差异。

（2）研究基于案例分析和口述史分析具有一定的局限性，研究结论推理可能具有局限性。

（3）研究能力有限，对武术国际传播的机制尚未探索清楚，亟须进一步深入研究，调研更多国家，了解武术国际传播的真正规律，寻找我国优秀传统文化"走出去"和"住进去"的路径。

附　录

附录1　武术传播者口述史提纲

尊敬的××（根据访谈对象调整称呼）：

您好！我是河南理工大学体育学院邱辉老师，现在做课题《"一带一路"背景下武术国际传播方略研究》，根据研究需要，请您谈谈对以下问题的看法和建议，您的观点仅用于科学研究，请您放心。再次感谢您的支持和帮助。如有什么问题和反馈信息，请您联系我。

1. 您的武术国际传播在一个什么样的背景下开始的；目前"一带一路"倡议下，在这些国家传播的情况发生了哪些变化，对于武术传播来说，是好还是坏？

2. 您认为从新中国成立到现在，武术的发展发生了哪些重大的变化？

3. 您在哪个国家传播，出国传播武术之前有没有受到来自武术相关政府部门、企业、协会或者武术流派的培训，是哪些机构资助和培训了您，培训了哪些方面的内容？

4. 您在武术的理论和技术传播方面都做了哪些具体工作；传播的武术拳种有哪些，哪些内容比较好教，受当地人喜欢和接受；哪些不好教，不被当地人接受；技术教学和拳理拳术分别占多大比重？

5. 在进行武术国际传播时，前来学习武术的人主要有哪些？他们为什么选择中国武术，而没有选择其他健身方式？

6. 您在海外建立了哪些武术学校、研究会、协会、教学点或者武术道馆？这些武术学校、研究会、协会或者教学点是如何建立起来的？

7. 如何对这些武术学校、研究会、协会、教学点或者武术道馆进行管理？

8. 在国外武术协会的发展情况如何？

9. 您认为政府、国际武术组织或者协会或者个人在武术国际传播中应该肩负什么样的责任，出钱、出政策、给渠道，还是其他？

10. 您在国际武术传播的过程中受到哪些组织和部门的支持和帮助？（如中国武术协会、中国武管中心、省市级武术协会、各种武术企业、武术流派等）

11. 您在武术国际传播中资金来源主要包括哪些，是否受到武术相关部门或者组织的资金支持，又是如何使用的？

12. 如何看待国家推出的各种武术拳种的"标准化""段位制"措施，您在授拳过程中是如何做的？

13. 武术朝圣地的发展与国际传播及可持续发展有什么关系？

14. 在武术国际传播过程中如何处理武术技术和理论的关系？

15. 在武术国际传播过程中遇到了哪些阻力？如何克服语言上的障碍？针对这些情况做出了哪些努力？

16. 有没有针对不同国家、不同群体进行分层传播？

17. 在武术国际传播过程中，如何利用大众传媒和新媒体？

18. 在海外武术（拳种不限）传播时有没有市场竞争？在海外传播武术（拳种不限）时如何进行市场运营？

19. 武术门派文化在武术的国际传播过程中的影响如何？如何协调不同种类武术和各武校之间的关系？

20. （您传播的武术拳种）愿意和其他门派合作构建协会，并共同推进武术集团化发展吗？围绕目前您传播的武术拳种所形成的武术文化空间如何才能扩大国际影响？

非常感谢您的支持和帮助！祝您生活愉快，身体健康。

附录2　武术管理者口述史提纲

尊敬的××（根据访谈对象调整称呼）：

您好！我是河南理工大学体育学院邱辉老师，现在做课题《"一带一路"背景下武术国际传播方略研究》，根据研究需要，请您谈谈对以下问题的看法和建议，您的观点仅用于科学研究，请您放心。再次感谢您的支持和帮助。如有什么问题和反馈信息，请您联系我。

1. 您是什么时候开始在武术管理部门开始工作的，请您简单地介绍一下这些年您在武术部门的工作情况,在国际传播和国内传承方面做过哪些努力?

2. 您认为武术国际传播是在一个什么样的背景下开始的?目前"一带一路"倡议下,在这些国家传播的情况发生了哪些变化,对于武术传播来说,是好还是坏?

3. 您认为从新中国成立到现在,武术的发展发生了哪些重大的变化?

4. 您曾经和哪个国家进行武术交流,出国进行武术教练之前有没有受到来自武术相关政府部门、企业、协会或者武术流派的培训,是哪些机构资助和培训了您,培训了哪些方面内容?

5. 您所交流的国家里,哪些国家的武术传播得比较好,哪些国家传播得一般,哪些国家传播得不好,您认为可能的原因有哪些?

6. 您所交流的国家,前来学习武术的人主要有哪些?他们为什么选择中国武术,而没有选择其他健身方式?

7. 您代表所在单位在海外建立了哪些武术学校、研究会、协会、教学点或者武术道馆进行武术的国际交流?这些武术学校、研究会、协会或者教学点是如何建立起来的?您单位是如何支持的,出资、出政策、给渠道、建立关系、人才培训还是其他支持?

8. 您单位是如何对这些武术学校、研究会、协会、教学点或者武术道馆进行管理的,在国外发展的情况如何?

9. 您是如何看待国家所推出的各种武术拳种的"标准化""段位制"措施,在国外武术传播中如何做?

10. 您所在单位在武术国际传播过程中遇到了哪些阻力?如何克

服语言上的障碍？针对这种情况做出了哪些努力？

11. 您所在单位有没有针对不同国家、不同群体进行分层传播？

12. 您所在单位在武术国际传播过程中，如何利用大众传媒和新媒体？

13. 您认为，在海外武术（拳种不限）传播时有没有市场竞争？在海外传播武术（拳种不限）时如何进行市场运营？

14. 您认为，武术门派文化在武术的国际传播过程中的影响如何？如何协调不同种类武术和各武校之间的关系？

15. 您愿意和其他门派合作构建武术协会，并共同推进武术国际化发展吗？围绕目前您单位传播的武术拳种所形成的武术文化地域和空间优势，如何才能扩大国际影响？

非常感谢您的支持和帮助！祝您生活愉快，身体健康。

附录3 研究者口述史提纲

尊敬的××（根据访谈对象调整称呼）：

您好！我是河南理工大学体育学院邱辉老师，现在做课题《"一带一路"背景下武术国际传播方略研究》，根据研究需要，请您谈谈对以下问题的看法和建议，您的观点仅用于科学研究，请您放心。再次感谢您的支持和帮助。如有什么问题和反馈信息，请您联系我。

1. 您练习武术吗？您是什么时候开始武术研究的，您主要关注哪些问题？

2. 请您讲讲武术在国内外的传承传播情况？

3. 您认为武术国际传播的路径有哪些？

4. 请您介绍一下您在国外进行武术传播的情况。

5. 在"一带一路"倡议下，武术作为人文交流项目，武术的国际传播受到前所未有的重视，但是受国外环境影响，有些国家支持武术在其国家传播，有些国家无所谓，有些国家反对或者不支持武术在其国家传播，请您谈谈在此背景下，我们应该如何做，才能更好地利用武术讲好中国故事，防止和减少国外反对的声音，让更多国家愿意接纳并喜欢武术？

非常感谢您的支持和帮助！祝您生活愉快，身体健康。

附录4　旁观者口述史提纲

尊敬的××（根据访谈对象调整称呼）：

您好，我是河南理工大学体育学院邱辉老师，现在做课题《"一带一路"背景下武术国际传播方略研究》，根据研究需要，请您谈谈对以下问题的看法和建议，您的观点仅用于科学研究，请您放心。再次感谢您的支持和帮助。如有什么问题和反馈信息，请您联系我。

1. 你了解武术吗？

2. 您喜不喜欢武术？

3. 请您谈谈对武术国际传播问题的认识和看法。

4. 2013年习近平总书记提出"一带一路"倡议，在此背景下武术国际传播有哪些机遇和挑战？

5. 如果您是国家武术协会主席，您认为我国武术国际传播的目标是什么，您会怎么做，以便于更好地传播武术？

非常感谢您的支持和帮助！祝您生活愉快，身体健康。

附录5　国外教练、运动员访谈提纲

尊敬的××（根据访谈对象调整称呼）：

您好，我是河南理工大学体育学院邱辉老师，现在做课题《"一带一路"背景下武术国际传播方略研究》，根据研究需要，请您谈谈对以下问题的看法和建议，您的观点仅用于科学研究，请您放心。再次感谢您的支持和帮助。如有什么问题和反馈信息，请您联系我。

1. 请您介绍一下贵国武术发展的概况。

2. 武术在贵国传播的路径有哪些？

3. 在贵国传播的武术拳种有哪些？

4. 请您谈谈对武术入奥的看法。

5. 请您谈谈武术在贵国的发展趋势。

非常感谢您的支持和帮助！祝您在中国生活愉快。

参考文献

（一）专著

[1] 福特纳．国际传播学［M］．刘利群，译．北京：华夏出版社，2000．

[2] 邵培仁．传播学导论［M］．杭州：浙江大学出版社，2002．

[3] 周庆山．传播学概论［M］．北京：北京大学出版社，2004．

[4] 毛峰．传播学概论［M］．长沙：中南大学出版社，2006．

[5] 克里斯坦森．创新者的窘境［M］．北京：中信出版社，2010．

[6] 段京肃．传播学基础理论［M］．北京：新华出版社，2003．

[7] 查有梁．教育模式［M］．北京：教育科学出版社，1999．

[8] 申国卿．2008年度的武术文化的激荡［M］．武汉：湖北人民出版社，2012．

[9] 罗时铭. 当代中国体育对外关系史（1949—2008）[M]. 北京：北京体育大学出版社，2016.

[10] 中国体育年鉴编辑委员会. 中国体育年鉴（1973—1974）[M]. 北京：人民体育出版社，1982.

[11] 华博. 中国世界武术文化 [M]. 北京：时事出版社，2007.

[12] 上海外国语学院国际新闻专业教研室. 第一届上海传播学国际学术论坛会论文选编 [M]. 上海：上海外国语教育出版社，1987.

[13] 王林. 武术传播论纲 [M]. 武汉：湖北人民出版社，2011.

（二）期刊

[1] 杨祥全. 根基乍立：新中国武术史之一 [J]. 少林与太极（中州体育），2012（3）.

[2] 王林. 武术国际化传播的传者研究 [J]. 武汉体育学院学报，2007，41（8）.

[3] 张长念，孟涛. 对我国高校关于武术国际传播人才培养的探析 [J]. 首都体育学院学报，2021，33（4）.

[4] 陶萍，朱珊珊，吴晓龙. 跨文化传播视角下武术国际传播者培养体系构建研究 [J]. 沈阳体育学院学报，2021（1）.

[5] 郭玉成，邱丕相. 武术国际传播基本模式的构建 [J]. 上海体育学院学报，2002，26（4）.

[6] 朴一哲，杜舒书. 基于孔子学院模式的武术文化国际传播

研究：以韩国为例［J］．沈阳体育学院学报，2010（1）．

［7］揭光泽，付爱丽．武术文化通过华侨华人进行国际传播的历史沿革［J］．体育学刊，2015，22（4）．

［8］刘军．刍议武术文化的国际传播［J］．北京体育大学学报，2004，27（1）．

［9］汲智勇．武术动漫：武术文化国际传播的新路径［J］．南京体育学院学报（社会科学版），2010，24（6）．

［10］郭玉成，刘韬光．文化强国视域下武术国际传播方略［J］．成都体育学院学报，2012，38（4）．

［11］李吉远．国家形象视域下中国武术跨文化传播研究［J］．武汉体育学院学报，2012，46（3）．

［12］孟涛，唐芒果．文化符号与责任担当：中华武术国际传播的话语分析［J］．上海体育学院学报，2014，38（3）．

［13］蔡月飞．中国武术国际传播的文化困境与理念转换［J］．成都体育学院学报，2014（11）．

［14］于翠兰．互联网在武术国际化传播中的现状与对策［J］．体育文化导刊，2005（4）．

［15］李臣，赵连文．互联网时代中国武术"走出去"的现实困境与路径选择［J］．武汉体育学院学报，2017，51（11）．

［16］金涛，李臣．互联网时代中国武术"走出去"的路径审视与思考［J］．沈阳体育学院学报，2018，37（4）．

［17］王国志，张宗豪，张艳．"一带一路"倡议背景下中国武术国际传播偏向与转向［J］．武汉体育学院学报，2018，52（7）．

[18] 卢安，姜传银．中国武术国际传播的语言原则与手段［J］．现代传播：中国传媒大学学报，2017（5）．

[19] 杨啸原．武术双语教学的必要性与可行性研究［J］．西南民族大学学报（人文社会科学版），2005，26（8）．

[20] 王涛．总结2004把握2005：访国家体育总局武术运动管理中心主任王筱麟［J］．中华武术，2005（1）．

[21] 陈曼丽．信息全球化时代的国际传播［J］．国际新闻界，2000，（4）：17-21.

[22] 胡凯，王燕．武术的海外传播实证研究：以武术在美国孔子学院的传播为例［J］．山东体育学院学报，2017，33（5）．

[23] 王林．武术国际化传播的受众研究［J］．首都体育学院学报，2008（2）．

[24] 吕旭涛．孔子学院：武术国际传播新范式［J］．武术研究，2017，2（12）．

[25] 张萍，梁勤超，吴明冬．孔子学院与武术国际化传播的关联性研究［J］．武术研究，2017，2（6）．

[26] 李瑞豪，李振宇．探讨"一带一路"倡议在经贸的效果：以马来西亚与新加坡为例［J］．时代金融，2018（35）．

[27] 李秀．武术在马来西亚的传播及国际化发展研究［J］．西南师范大学学报（自然科学版），2012，37（7）．

[28] 唐明欢，李乃琼，尹继林．中华武术在马来西亚的传播历程、特征、经验［J］．四川体育科学，2019，38（1）．

[29] 陈胜，肖蕊．中国武术在东盟国家的传播与发展研究：基

于菲律宾武术馆校的调查报告［J］. 中华武术（研究），2018，7（7）.

［30］陈胜，代海斌，肖蕊."一带一路"视阈下武术段位制在菲律宾孔子课堂推广的新契机［J］. 武术研究，2018，3（6）.

［31］斯晓夫，刘婉，巫景飞. 克里斯坦森的破坏性创新理论：本源与发展［J］. 外国经济与管理，2020，42（10）.

［32］苏启林. 破坏性技术、组织创新与产业成长预测［J］. 中国工业经济，2006（11）.

［33］肖海东. 武术在印度尼西亚的发展研究［J］. 武术研究，2018，3（9）.

（三）其他

［1］李辉. 文莱国家武术套路运动队建设及发展研究［D］. 石家庄：河北师范大学，2014.

［2］许仕杰. 中华武术在印尼孔子学院的传播研究［D］. 福州：福建师范大学，2012.

［3］王庆阳. 太极拳在老挝孔子学院的开展现状调查与发展对策研究［D］. 桂林：广西民族大学，2016.

［4］何迪. 中国武术文化在非洲传播模式的研究［D］. 北京：首都体育学院，2014.

［5］韩红娟. 中国武术在埃及传播的实践与思考［D］. 兰州：西北师范大学，2014.

［6］张国才.全球化背景下中国武术的国际化传播研究［D］.南京：南京师范大学，2015.

［7］孙鸿志.中国武术国际化传播的理念构建研究［D］.苏州：苏州大学，2012.

［8］翟经国.7W视角下制约武术国际化传播的因素研究［D］.天津：天津体育学院，2017.

［9］王丽丽.第四届新加坡国际武术邀请赛闭幕［EB/OL］.新华社，2019-08-12.

［10］王林.武术国际化传播的受众研究［J］.首都体育学院学报，2008（02）：14-17.

致 谢

时光荏苒，在本课题组成员的共同努力下，课题结项书终于提交，回首研究过程，感慨万千。首先，感谢河南省哲学社会科学基金对本课题的支持和资助。让我得以在武术发展的历史长河中驻足，通过对新中国成立以来武术国际传播的历史进程进行梳理，惊喜地发现了一些历史规律。带着河南人的武术情怀，运用经济学理论破坏性创新理论，打破以往武术国际传播的困境，希望能够为武术国际传播的可持续发展和高质量发展提供一些建议和启示。

其次，非常感谢河南理工大学体育学院张纳新书记、杨黎明教授、王柏利副院长、任天平教授、刘亚杰副教授、薛红卫博士、李爱增博士，以及太极拳冠军杨艳博士，陈氏太极拳传承人桑守惠老师、王一鸣老师以及杨光老师的鼎力帮助和支持；也十分感谢国家体育总局文化研究中心崔乐泉教授、清华大学体育部乔凤杰教授对我的点拨，使得本课题顺利完成；同时感谢《改革开放以来温县太极拳口述史》课题发起人焦作市政协原主席赵功佩,课题组的牵头人河南理工大学体育学院张纳新书记和王柏利副院长,以及参与实地调查的刘亚杰副教授、薛红卫副教授、李爱增博士、桑守惠老师、胡精超博士、王一鸣老师、和慧超老师、杨光老师、任晓旭老师对部分受访者的访谈,本书部分文本是和他们一起获取的,感谢各位的策划和辛勤付出。

再次,衷心地感谢118位武术国际传播者、武术管理者、武术研究者、旁观者和国外受访者(教练员、领队和运动员)的积极配合和帮助,使得本课题的内容更加丰满,研究内容更加接地气,用事实说话,讲好中国武术好故事的同时,直击武术国际传播的核心和本质问题,并为"一带一路"倡议下武术国际传播方略提供思路。

然后,感谢我的课题团队成员的大力支持和帮助。孟昭雯老师、杨黎明教授、王柏利教授和王一鸣老师,是他们出谋划策,研讨课题研究方案,提供口述史访谈帮助,参与部分章节的撰写,助力本研究得以顺利完成。另外,也十分感谢我的研究生们,任晓旭、邱海洋、张招娣、邓业鹏、郭亚楠、秦豫鹏、王浩勇、赵文倩、司玥等的积极参与,参与口述史访谈、录音转录以及文本的数据处理工作。

最后,感谢所有参考文献的作者们,是他们的智慧为本研究奠定了坚实的研究基础,我才站在"巨人"的肩膀上得以前行。

另外,感谢爱人孟昭雯的大力支持,给我充分的时间和及时的帮助;感恩亲爱的妈妈李玲武无私的爱,让我一直坚守孜孜追求的学术道路；感谢可爱的一对儿子辰昊和吉米的"鞭策"，我在累的时候，躺平"港湾"，汲取力量，砥砺前行。

邱辉

河南理工大学

2022 年 6 月 19 日